Gabriele Schmenkel

Leichte Küche aus schweren Zeiten

Originale Rezepte aus der Nachkriegszeit

REGIONALIA VERLAG

Gewidmet meinen Großeltern.

Gabriele Schmenkel:
Leichte Küche aus schweren Zeiten.
Originale Rezepte aus der Nachkriegszeit

10. Auflage 2020

Regionalia Verlag
ein Imprint der Kraterleuchten GmbH
Gartenstraße 3, 54550 Daun

Einbandgestaltung, Layout, Lektorat und Satz: Handverlesen GbR, Bonn

Cover: Vorderseite: Hausfrau und Notizbuch (beide pixabay),
Rückseite: Gabriele Schmenkel
Alle weiteren Abbildungen: Gabriele Schmenkel

ISBN 978-3-95540-292-1

FSC www.fsc.org MIX Papier aus verantwortungsvollen Quellen FSC® C014138

REGIONALIA
VERLAG
www.regionalia-verlag.de

Inhalt

Danksagung

Vor allem möchte ich meinen Großeltern danken, ohne die dieses Buch nicht möglich gewesen wäre, und meinem Großvater für seine Freude und Begeisterung für das Backen und Kochen sowie für seine genaue, ausführliche und gut lesbare Niederschrift der Rezepte.

Außerdem gilt mein größter Dank meiner Mutter für ihre Hilfe beim Entziffern der Rezepte und ihre vielen Erinnerungen und Erzählungen aus der alten Zeit.

Mein besonderer Dank gilt meinem Partner Frank und meinem Sohn Jerome für das Kosten und die Foto-Dokumentation der Back- und Kochergebnisse, für ihre beständige Ermutigung und Unterstützung.

Vielen Freunden und Bekannten und vor allem meinen Arbeitskolleginnen bin ich sehr dankbar für das interessierte Verkosten meiner Back- und Kochexperimente, ihre Ermutigungen und die Unterstützung dabei, mein Projekt voranzutreiben und fertig zu stellen. Ein herzliches Dankeschön an Diethard für den Gärballon für den Hagebuttenwein und die Speckschwarte für den Grammelstrudel, Regina für die grünen Tomaten und Tom für die Tipps zum Weinkeltern für den Hagebuttenwein.

Für die Unterstützung beim Verfassen des Exposés und bei der Suche nach einem Verlag ein herzliches Dankeschön an Claudia. Caro und Uta möchte ich an dieser Stelle für das Korrekturlesen herzlich danken. Kristina und meinem Cousin Thomas, der mir als Historiker auch gute Hinweise zur Klärung des historischen Hintergrunds gegeben hat, gilt ebenfalls mein allergrößter Dank für das Korrekturlesen.

Vielen Dank auch an M. Karaus für viele wertvolle Tipps und Hinweise, an das Bayerische Hauptstaatsarchiv in München und dem Lastenausgleichsarchiv in Bayreuth für die, wenn auch vergebliche, Suche nach meinen Verwandten und die Weitervermittlung an das Staatliche Kreisarchiv Opava. Dort gilt mein Dank M. Sosna vom Státní okresní archiv Opava für das Herausfinden der Meldeadressen meiner Großeltern. Mgr. Bratislav Dorko, PhD vom Staatlichen Kreisarchiv Bruntal in Krnov, vielen Dank für das Recherchieren der Zugtransportdaten.

Claudia Holtermann von Handverlesen GbR in Bonn möchte ich herzlich für die wundervolle Gestaltung des Buches und für ihre kreativen Ideen danken, außerdem Herrn Bruno Hof vom Regionalia Verlag in Rheinbach, der die Veröffentlichung möglich gemacht hat: vielen Dank!

Gabriele Schmenkel, im Januar 2017

Vorwort

Nach dem Tod meiner Großmutter fand ich im Küchenschrank ihres Hauses in Frankfurt am Main ein vergilbtes, zerfleddertes Heft, etwas kleiner als A5, 60 Seiten dick und mit in Sütterlin-Handschrift geschriebenen Rezepten (s. Abb. 1). Als ich dieses Rezeptheft durchblätterte, wollte ich diese für mich exotisch klingenden Rezepte sofort ausprobieren. Bucheckernwurst? Wein aus Hagebutten? Kriegsbrot? Schokolade aus Kakaopulver – und was ist »Ceres«? Die Rezepte hatte mein Großvater aufgeschrieben. Er hatte mir als Kind oft erzählt, dass er aus dem Sudetenland stamme und auch darüber

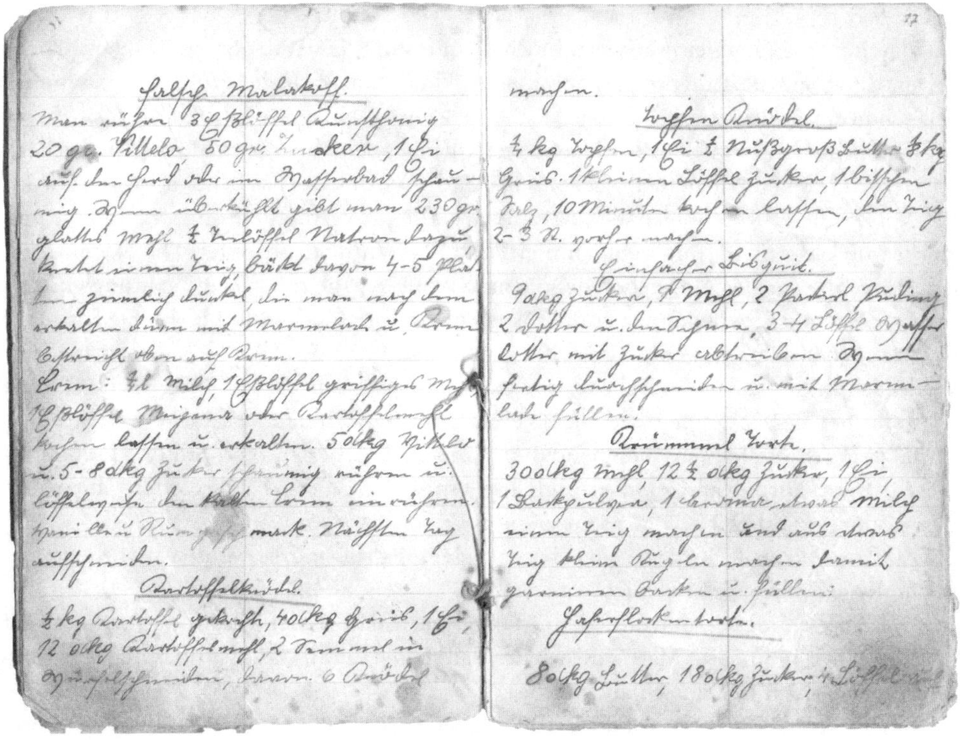

Abb. 1 Originalrezeptheft Seite 16 und 17.

gesprochen, dass es nach dem Zweiten Weltkrieg im Radio Kochsendungen gegeben und er dort Rezepte mitgeschrieben habe. Im Heft finden sich Datumsangaben von 1946 bis 1948. Auffällig ist, dass bei den Rezepten zu Beginn des Heftes der Nahrungsmittelmangel der Nachkriegszeit am stärksten abzulesen ist. Der Begriff »Krieg« taucht nach Seite 37 nicht mehr auf. Zum Ende des Heftes werden die Rezepte reichhaltiger. Sie sind zu einer Zeit geschrieben worden, in der wieder mehr erhältlich war.

Bei einigen Rezepten finden sich Angaben zur Herkunft, z.B. »Rezept von Frau Hanzorá«. Dieses sorgfältig von meinem Großvater geführte Heft aus der Nachkriegszeit hatte ich also gefunden! Er hatte diese appetitanregenden Rezepte penibel aufgeschrieben, denn Kochen und Backen waren seine Leidenschaft. Damals, nach der Flucht aus dem Sudetenland, war es ihm wohl ein Anliegen, aus den wenigen zu der Zeit erhältlichen Zutaten die Speisen der alten Heimat zubereiten zu können, um ihr so weiter nahe zu bleiben.

Durch meine Neugier motiviert, brachte ich mir das Lesen der Sütterlin-Handschrift bei und fing an, die Rezepte auszuprobieren. Und dann kam die große Überraschung: Das schmeckt ja richtig gut!

Ich dachte bei dem Begriff »Nachkriegsküche« zuerst an »Schmalhans ist Küchenmeister«, »Das kann doch nicht lecker sein« und »Wozu kann das heute noch gut sein?«. Ein Vorteil dieser Rezepte ist aber, dass die Speisen gut verträglich sind: wenig Fett und Zucker, oft ohne Mehl, mit wenigen Eiern und Magermilch zubereitet. Die Nachkriegsküche ist eine aus der Not geborene, phantasievolle Küche mit vielen Nahrungsmittelersatz-Ideen und Überlegungen zum Einsparen von Fett, Zucker und Eiern. Sie entstand, weil es nichts oder zu wenige Zutaten gab. Diese Ideen sind für unsere heutige Zeit wieder sehr hilfreich. Wo es früher der Mangel war, sind es heute gesundheitliche Gründe oder ideelle Überzeugungen, die manch einen zum Verzicht auf verschiedene Nahrungsmittel bringen. Viele Menschen heutzutage, die unter Übergewicht, Stoffwechselkrankheiten oder Nahrungsmittelunverträglichkeiten wie z. B. von Laktose oder Gluten leiden, können von dieser Küche profitieren.

Zudem sind viele Rezepte auch noch kostengünstig und es werden natürliche, ursprüngliche Produkte verwendet.

Die Auseinandersetzung mit dem Mangel nach dem Krieg macht aufmerksam auf unseren Überfluss heute. Man wird wieder dankbarer für all das, worüber man heute so selbstverständlich in Deutschland verfügt.

Eine »Nachkriegsdiät« ist dieses Buch aber sicherlich nicht, denn eine Ernährung mit zu wenig Fett und Eiweiß ist ungesund und eine Hungerdiät. Sie führt zu Mangelerscheinungen und schlechter Laune. Außerdem sind nicht alle Rezepte Kaloriensparrezepte. Vieles diente einfach nur als Erinnerungshilfe an alte sudentendeutsche Rezepte; und die Küche im Sudentenland war teilweise sehr üppig.

Zutaten und Zubereitung habe ich so aufgeschrieben, dass die Rezepte leicht nachzubereiten sind. Mit den Rezepten meines Großvaters hat nun jeder die Möglichkeit, diese traditionellen, sudetendeutschen Nachkriegsköstlichkeiten selbst zu zaubern. Vielen, deren Eltern oder Großeltern aus dieser Gegend stammen, kommen mit dem Backen und Kochen sicherlich Kindheitserinnerungen zurück.

Die Auseinandersetzung mit der kulinarischen Vergangenheit kann auch zu einem besseren Verständnis für die Kriegs- und Nachkriegsgeneration führen oder man hat einen Anknüpfungspunkt, um mit der älteren Generation wieder ins Gespräch zu kommen. Nach den Unterhaltungen mit meiner Mutter, die die Flucht aus dem Sudentenland als Kind erlebt hatte, und nach ausführlicher Recherche konnte ich nach und nach rekonstruieren, was mit meiner Familie damals passiert war. Immer mehr Menschen in meinem Umfeld berichteten, dass auch jemand aus ihrer Familie nach dem Krieg fliehen musste, und bei vielen wurde die Neugier auf die Rezepte und die eigene Vergangenheit geweckt.

Hier ist das Ergebnis von Probeküche und Recherchen: Rezepte und Geschichte. Geschichte, die durch den Magen geht. Gut 100 Rezepte für (teilweise) leichte Küche. Mit heute erhältlichen Zutaten unkompliziert nachzubereiten. Auch interessant für Diabetiker, Vegetarier, Veganer und Menschen mit Laktose- oder Glutenunverträglichkeit oder alle, denen die heute üblichen Speisen zu fett, zu süß oder mit zu vielen chemischen Zutaten versetzt sind.

Viel Freude beim Backen, Kochen und Genießen!

Historischer Hintergrund

Um verstehen zu können, was meinen Großvater dazu bewegt hat, dieses Rezeptheft zu schreiben, muss man vor allem die geschichtlichen Hintergründe aus seiner Entstehungszeit kennen. Mein Opa hatte mir das Rezeptheft leider nie gezeigt, sonst hätte ich ihm viele Fragen direkt stellen können. Daher habe ich anhand der Berichte meiner Mutter, die damals zwischen 9 und 12 Jahren alt war, und mit Hilfe verschiedener Quellen die Geschichte der Familie rekonstruiert.

Mein Großvater wurde 1909 in Rothwasser (heute Stará Červená Voda), meine Großmutter 1910, meine Mutter 1936 und ihr Bruder 1939 alle drei in Troppau (heute Opava im Osten der Tschechischen Republik) geboren. Zum Zeitpunkt der Geburt meiner Großmutter gehörte Troppau zu Österreich-Schlesien. Rothwasser, der Geburtsort meines Großvaters, lag in Mähren. Von 1914 bis 1918 tobte der Erste Weltkrieg. Meine Großeltern hatten also schon ihre Kindheit in Kriegszeiten verlebt. Die Familie lebte zum Zeitpunkt des Zweiten Weltkriegs in Troppau und war danach nach Limburg an der Lahn in Westdeutschland geflohen.

Troppau liegt an der Oppa und ist eine der ältesten Städte des Sudetenlandes. Im Laufe der Jahrhunderte wechselte Troppau mehrmals die Staatszugehörigkeit. Nach dem Krieg Preußens und Österreichs um Schlesien 1742 blieb Troppau bei Österreich. Von da an war es Grenzstadt und wurde 1918 Hauptstadt der nur kurz existierenden deutsch-österreichischen Provinz Sudetenland. Im gleichen Jahr wurde in Prag die Tschechoslowakische Republik ausgerufen. Troppau blieb mit Unterbrechungen Landeshauptstadt von Österreichisch-Schlesien bis 1928.

Die Gegend um Troppau war bis 1945/46 ein überwiegend von Deutschen bewohntes Siedlungsgebiet. Um die Deutsch sprechenden Böhmen von den Tschechen zu unterscheiden, wurde der Überbegriff »Sudentendeutsche« eingeführt – auch meine Großeltern bezeichneten sich so. Namensgebend war das Sudetengebirge. Das Sudetenland war ein nicht zusammenhängendes, aber geschlossenes Siedlungsgebiet in Böhmen, Mähren und dem ehemaligen Österreichisch-Schlesien. Es machte in etwa ein Drittel der Gesamtfläche von Böhmen und Mähren-Schlesien aus und dementsprechend war der Anteil der Deutschen an der Gesamtbevölkerung der Tschechoslowakischen Republik.

1919–1938: Das Sudetenland in den Jahren nach dem Ersten Weltkrieg

Für den Zeitraum nach dem Ersten Weltkrieg sind für das Gebiet um Troppau zwei Friedensverträge von großer Wichtigkeit – der eine für Österreich, der andere für das Deutsche Reich:

1. Auf der Friedenskonferenz von St. Germain entschieden die Siegermächte und die Tschechoslowakei unter Edvard Beneš über die Zukunft des ehemaligen Kaiserreichs Österreich-Ungarn. Das Sudentenland fiel an den neu gegründeten Staat, die Tschechoslowakische Republik.
2. Durch den Versailler Vertrag wurde die Einfriedung des Sudetenlandes bestätigt. Es handelte sich um einen Friedensvertrag zwischen den 26 alliierten und assoziierten Mächten und dem Deutschen Reich zur Beendigung des Ersten Weltkriegs. Der Vertrag gab dem Deutschen Reich die alleinige Schuld am Ausbruch des Kriegs. Er regelte z. B. Gebietsabtretungen, beschränkte die Größe der deutschen Wehrmacht und verpflichtete das Deutsche Reich zu Reparationszahlungen. Dieser Vertrag war die Grundlage für die Eingliederung der Sudentendeutschen in die Tschechoslowakische Republik.

Mit dem Inkrafttreten der Versailler Verträge waren die Sudetendeutschen, also auch meine Großeltern, Bürger der neu gegründeten Tschechoslowakischen Republik geworden. Meine Großeltern sprachen aber mit ihren Kindern Deutsch und auch in der Grundschule, auf die meine Mutter später ging, wurde weiterhin auf Deutsch unterrichtet. Der Versailler Vertrag wurde von vielen Deutschen gerade im Sudentenland als ungerecht empfunden. Die wirtschaftliche Lage war durch die Wirtschaftskrise zu dieser Zeit sehr schlecht. Bestimmte Wirtschaftszweige wurden von Tschechen übernommen und deutsche Schulen geschlossen. Deutsche wurden bei Staatsbetrieben erst an dritter Stelle nach Soldaten und Tschechen eingestellt und mussten eine schwere Sprachprüfung ablegen. Wegen der Wirtschaftskrise herrschte im Sudetenland Hoffnungslosigkeit durch Arbeitslosigkeit, Kurzarbeit, Hunger und nationale Demütigung.

Ein Foto vom März 1931 zeigt meinen Großvater in einer oberschlesischen Uniformjacke. Auf der Rückseite steht »aktiver Soldat 1929–1931«. 1932 ist er im Troppauer Adressbuch mit der Berufsbezeichnung Elektriker eingetragen.

1933 kam die Machtergreifung Adolf Hitlers, der die Abtretung des tschechischen Sudetenlandes an Deutschland forderte. Bei der deutschstämmigen Minderheit stieß das auf Zustimmung.

Mitten in diese bewegte Zeit hinein heirateten meine Großeltern im August 1933 in Troppau. 1936 wurde meine Mutter geboren.

Im Februar 1937 versuchte Konrad Henlein, der Führer der Sudetendeutschen Partei, ein »Volksschutzgesetz« in die Prager Nationalversammlung einzubringen. Nachdem mehrere Versuche, eine solche Gesetzesvorlage zum verstärkten Minderheitenschutz einzubringen, erfolglos gewesen waren, richtete er am 19.11.1937 zum ersten Mal ein schriftliches Ersuchen an Hitler, die deutsche Bevölkerung in der Tschechoslowakei zu unterstützen. Im März 1938 schloss sich Österreich an das Deutsche Reich an. Am 30.05.1938 erteilte Hitler der Wehrmachtsführung den Befehl, den Krieg vorzubereiten.

Am 12.09.1938 hielt Hitler während des Parteitags in Nürnberg eine Rede, in der er erklärte, dass er unter keinen Umständen gewillt sei, einer weiteren Unterdrückung der deutschen Volksgenossen in der Tschechoslowakei in endloser Ruhe zuzusehen. Die Deutschen würden Selbstbestimmungsrecht fordern. Direkt nach dieser über den Rundfunk übertragenen Rede strömten die Troppauer auf den Oberring (den Rathausplatz). Die Sudetendeutschen riefen Freiheitsparolen und sangen das Deutschlandlied. Tschechen und tschechische Polizisten sahen dabei entsetzt zu. Danach wurde die Sudetendeutsche Partei verboten, es kam zu Repressalien gegenüber der deutschstämmigen Bevölkerung (P. Buhl [1958]: 182–186).

Der britische Lord Runciman bereiste zu dieser Zeit das Sudetengebiet und untersuchte, ob die nach dem Ersten Weltkrieg versprochenen Autonomiebedingungen für die Sudentendeutschen eingehalten wurden. Am 16.09.1938 überbrachte er seinen Bericht dem britischen Premierminister Neville Chamberlain. Er fand, dass der Wunsch der Sudentendeutschen, Teil des Deutschen Reiches zu werden, verständlich sei. Chamberlain glaubte, den Frieden halten zu können, wenn man den deutschen Wünschen entsprach, vor allem weil Hitler erklärt hatte, dass diese Forderung der letzte territoriale Anspruch des Reiches sei – bekanntlich ein fataler Irrtum.

Am 27.09.1938 mobilisierten England und Frankreich. Auf Initiative des italienischen Diktators Benito Mussolini hin fand am 29.09.1938 in München eine Konferenz statt, an der der französische Ministerpräsident Édouard Daladier, Chamberlain, Hitler und Mussolini teilnahmen. Die Tschechoslowakei war zu diesen Verhandlungen nicht hinzugezogen worden. Dieses »Münchner Abkommen« war ein Viermächtebeschluss zur Lösung der deutsch-tschechoslowakischen Frage. Die Sudetendeutschen wünschten sich in der Mehrheit den staatlichen Anschluss an den übrigen deutschen Sprachraum wie vor dem Ersten Weltkrieg.

Die Tschechoslowakei wurde verpflichtet, ab 01.10.1938 die Sudentengebiete zu räumen, die gleichzeitig von deutschen Truppen besetzt werden sollten. Die überwiegend deutschsprachigen Gebiete der Tschechoslowakei wurden an das Deutsche Reich angeschlossen. Großbritannien und Frankreich garantierten der Tschechoslowakei die Unabhängigkeit des übrigen Staatsgebietes. Chamberlain war von der Friedenssicherung überzeugt, aber für Hitler war es nur ein Schritt auf den Weg in den Krieg. Es wurden neue Grenzen gezogen. Die offizielle Bezeichnung des Sudentenlandes war zu diesem Zeitpunkt »Reichsgau Sudetenland«, mit Troppau als Hauptstadt. Zwischen dem Deutschen Reich und der Tschechoslowakischen Republik wurde geregelt, welche Staatsangehörigkeit tschechoslowakische Staatsangehörige haben sollten, die nun in deutschen Gebieten lebten.

Im Jahre 1938 findet sich ein Eintrag im Troppauer Adressbuch für meine Großeltern im Ottendorfer Gürtel 24. Als Beruf meines Großvaters ist hier nun Beamter angegeben. Wenige Jahre vorher war er als Elektriker eingetragen. Dieser Eintrag stammt vermutlich aus der Zeit nach Anschluss des Sudentenlandes an das Deutsche Reich. Mein Onkel wurde im Juli 1939 in Troppau im Großdeutschen Reich kurz vor Ausbruch des Zweiten Weltkriegs geboren.

1939–1945: Der Zweite Weltkrieg

Der Zweite Weltkrieg begann mit dem deutschen Angriff auf Polen am 01.09.1939. Mein Großvater war vermutlich ab Ende 1939 als Soldat in Frankreich stationiert. Meine Großmutter war während der gesamten Zeit des Krieges und der Vertreibung mit den Kindern auf sich alleine gestellt. Meine Mutter kann sich an einen Heimaturlaub meines Großvaters erinnern, es war aber völlig unklar, ab sie ihren Vater danach je wieder sehen würde (Abb. 2).

Ein Foto aus seiner Zeit in Frankreich zeigt ihn zusammen mit Kameraden am Grab eines Soldaten in Verdun. Verdun wurde am 15.06.1940, einen Tag nach Paris, von deutschen Truppen eingenommen. Danach wurde das ehemalige Schlachtfeld des Ersten Weltkriegs von deutscher Seite als militärisches Sperrgebiet und Truppenübungsplatz genutzt.

In der gesamten Tschechoslowakei lebten zu Beginn des Zweiten Weltkriegs im September 1939 insgesamt ca. 3,5 Millionen Deutsche. Es kam für die Sudetendeutschen zunächst durch den Anschluss des Sudentenlandes an das Deutsche Reich zu Verbesserungen der wirtschaftlichen Lage. Die schlimme Situation der tschechischen und jüdischen Mitbürger wurde ignoriert. Parteien wurden verboten, die Pressefreiheit außer

Abb. 2: Die Familie um 1940 bei einem Heimaturlaub meines Großvaters.

Kraft gesetzt. »Eindeutschung«, »Aussiedlung« und »Volkstumspolitik« wurden Schlagworte. Nur »rassisch« für die Germanisierung »wertvolle« Tschechen sollten eine Möglichkeit des Weiterlebens in ihrer Heimat erhalten. »Aussiedlung« und »Sonderbehandlung« aller destruktiven Elemente wurde Ziel der Germanisierung. Die Tschechen als eigenständiges Volk sollten ausgelöscht werden. Ein Ergebnis dieser Politik war, dass der tschechische Exilpräsident Edvard Beneš am 27.10.1943 in London Rache schwor. Nach Gesprächen mit US-Präsident Roosevelt am 12.05.1942 war Beneš erfreut, dass die Amerikaner nun bereit wären, die Beschlüsse der Münchener Konferenz für null und nichtig zu erklären. Sie hatten zugestimmt, die Zahl der Deutschen in der Tschechoslowakei so weit wie möglich zu reduzieren (G. Knopp [2002]: 358f.).

1945–1946: Die Flucht aus dem Sudetenland

Die deutschen Bewohner der Tschechoslowakei wurden nach Ende des Zweiten Weltkriegs aufgrund der Beneš-Dekrete vertrieben. Es handelte sich um provisorische Gesetze, die von der tschechoslowakischen Exilregierung in London unter der Führung von Edvard Beneš von Oktober 1940 bis Oktober 1945 erlassen wurden. Diese Dekrete waren u. a. neben dem Potsdamer Abkommen die Voraussetzung für Vertreibung und Enteignung von Sudetendeutschen und Ungarn. Die Beneš-Dekrete hatten große Auswirkungen für die Sudetendeutschen: Deren Vermögen sollte unter nationale Verwaltung gestellt werden, ihr landwirtschaftliches Vermögen unter Personen slawischer Nationalität aufgeteilt werden. An Deutsche durften keine Auszahlungen aus Konten getätigt werden und jegliche Übertragungen und der Kauf von Vermögen waren verboten. Jegliches Vermögen von Deutschen wurde ohne Entschädigung konfisziert. Tschechoslowakische Staatsbürger deutscher Nationalität verloren die tschechoslowakische Staatsbürgerschaft. Zur Beseitigung und Wiedergutmachung der durch den Krieg und Luftangriffe verursachten Schäden wurde eine Arbeitspflicht eingeführt (M. W. Seifert [2003]: 102–133).

Nachdem sowjetische Truppen 1945 Troppau erobert hatten, wurde die Stadt wieder in die Tschechoslowakei eingegliedert.

Die Flucht aus dem Sudetenland wird von A. Kossert (2008: 27) und E. Franzel (1979: 183) als ein über mehrere Jahre andauernder Prozess der Vertreibung in mehreren Phasen beschrieben, zunächst die Flucht vor der Sowjetarmee und Evakuierung von Frauen und Kleinkindern im Frühjahr 1945, dann folgte die »wilde« Vertreibung direkt nach Kriegsende und später die vertraglich festgelegte Vertreibung nach dem Potsdamer Abkommen. Diese Dreiteilung macht verständlich, wieso auch Flucht und Vertreibung meiner Familie in mehreren Etappen erfolgte.

Im Rahmen der ersten Phase, der Flucht vor der Sowjetarmee, wurden viele Deutsche im Frühjahr 1945 aus Troppau mit Bussen etwa 40 km nach Sternberg (heute Šternberk) gebracht. Auch meine Großmutter mit ihren zwei Kindern wurde so mit einer großen braunen Holzkiste mit Fotos, Papieren, Kleidern, einer Puppe und einem Teddy aus Troppau evakuiert. Gefragt hatten die Kinder nicht, warum sie gehen mussten. Am 15.04.1945 setzte Trommelfeuer der Roten Armee bei Troppau ein. Meine Mutter erinnerte sich, dass die »Stalinorgeln«, also die russischen Mehrfachraketenwerfer, zu dieser Zeit schon so laut zu hören waren, dass man dachte, das eigene Haus werde getroffen. Daher war den Kindern klar, dass man schnell fliehen musste. Die Großmutter sagte den Kindern, dass sie nach Westen zu ihrem Vater gingen, obwohl sie nicht wusste, wo er sich befand, ob sie ihn finden konnte oder er überhaupt noch lebte.

Auf dem Fluchtweg mit dem Bus gab es immer wieder Panzersperren, die verhindern sollten, dass Panzer in das Land eindrängen, und die meine Mutter damals sehr beeindruckten. Sie wurden in ein großes Auffanglager für Flüchtlinge in der Nähe von Sternberg gebracht. In diesem Lager wurde viel gestohlen und von Aufsehern abgenommen, vor allem Uhren und Schmuck. So verloren sie ihre letzten Wertsachen. Da ein Onkel meiner Mutter in Sternberg lebte, konnten sie das Lager verlassen und wohnten eine Weile bei ihm.

Die zweite Phase der Flucht aus dem Sudetenland, die wilde Vertreibung durch die tschechoslowakischen Machthaber, begann nach dem Einmarsch der Roten Armee in den Frühlings- und Sommerwochen 1945.

1945 bekamen die Deutschen mit voller Wucht den Hass der Tschechen zu spüren. Über das Radio wurde »Tod den Deutschen« verkündet. Deutsche wurden verhaftet, zu Zwangsarbeit gezwungen, ermordet oder misshandelt. Es gab einen unkontrollierten Ausbruch von Gewalt der Tschechen, die selbst jahrelang Schreckliches erlebt hatten, gegen die Deutschen. Die deutsche Minderheit in der wieder neu entstandenen Tschechoslowakei galt in den Nachkriegsjahren als vogelfrei. Es bildeten sich raubende und plündernde Banden. Aber nur ein kleiner Teil der Tschechen beteiligte sich an diesen Exzessen. Meine Mutter kann sich nicht an derartige Übergriffe erinnern.

Es gab die Verpflichtung für Deutsche, weiße oder gelbe Armbinden zu tragen oder weiße Stoffflicken mit einem »N« für »nemec« (deutsch). Meine Mutter kann sich noch an diese Armbinden erinnern. Sie selber und ihr kleiner Bruder hatten sie aber nicht tragen müssen, nur die Erwachsenen. Im Alter von 9 Jahren hatte sie sich nicht darüber gewundert. Es war für sie einfach so, dass diese Binden plötzlich getragen wurden, wie eine neue Mode. Öffentliche Verkehrsmittel durften Deutsche nicht mehr benutzen, Amtsstellen nur mit Genehmigung betreten. Die ihnen zugestandenen Lebensmittelmengen entsprachen den Rationen, die die Juden während der Kriegszeit erhalten hatten. Die Lage der Deutschen war beängstigend und demütigend. Es kam zu vielen Selbstmorden, die manchmal von ganzen Familien zusammen begangen wurden.

Zu diesem Zeitpunkt waren in Sternberg schon Russen stationiert, und viele Deutsche fanden in dieser Zeit freundliche Unterstützung durch sie. Diese Erfahrung machte auch meine Großmutter, denn sie bekamen von einem russischen Soldaten Lebensmittel zugesteckt. Es kam auch vor, dass russische Soldaten Deutsche vor Tschechen schützten.

Viele der Anfang 1945 Geflüchteten kehrten noch einmal zurück, um dann wieder vertrieben zu werden. Es herrschte Chaos. Meine Großmutter entschloss sich, nicht nach Troppau zurück, sondern zur Mutter meines Großvaters nach Karlsthal (heute: Velké Karlovice) zu gehen. Eine organisierte Evakuierung gab es zu dieser Zeit nicht, sie musste sich die Reise selbst organisieren. Von Sternberg wanderte sie ohne Vermögen und Proviant mit einem Handkarren, der Holzkiste mit dem verbliebenen Besitz und den 6 und 9 Jahre alten Kindern etwa 30 km in den Nordosten. Auf dem Weg dorthin übernachteten sie ein- oder zweimal auf Bauernhöfen. Die Bauern gaben ihnen etwas zu essen, wenn es auch sehr karg war. In den gekochten Graupen befanden sich Mehlwürmer und die Suppe war aus Kartoffelschalen zubereitet. Der Hunger aber ließ sie alles aufessen. Das letzte Stück nach Karlsthal nahm sie dann zum Glück ein Bauer mitsamt dem Handkarren auf seinem Leiterwagen mit.

In Karlsthal hatten kurz nach der Ankunft meiner Familie Tschechen das Haus der Schwiegermutter übernommen. Sie waren freundlich und bezogen das Schlafzimmer, ließen die Familie aber im vorderen Zimmer wohnen. Meine Mutter erinnert sich, dass meine Großmutter zu dieser Zeit in einem Sägewerk arbeitete. Sie stapelte dort Bretter. Das war nicht ihr Beruf, denn sie war gelernte Friseuse. Vermutlich musste sie auf Grundlage des Beneš-Dekrets ihre Arbeitspflicht erfüllen. Sie hofften zu dieser Zeit immer noch, dass sie bleiben konnten. Meine Mutter begann sogar Tschechisch zu lernen, was vorher niemand für notwendig befunden hatte. Doch dann kam, laut Archivbericht am 30.05.1946, nach der vertraglich festgelegten Vertreibung nach dem Potsdamer Abkommen die Ausweisung der Familie. In der Potsdamer Konferenz wurde eine vorläufige Grenze gezogen. Es kam zu Massenausweisungen aus der Tschechoslowakei. Am 02.08.1945 verloren alle tschechoslowakischen Staatsbürger deutscher Nationalität die tschechoslowakische Staatsbürgerschaft.

Die Bedingungen für die »Überführung« der Deutschen aus der Tschechoslowakei in die amerikanische Besatzungszone wurden 1946 zwischen der amerikanischen Besatzungsbehörde und der tschechischen Regierung festgelegt. Die ausgewiesenen Deutschen sollten ausreichend mit Kleidung versehen sein, Gepäck mit einem Gewicht von 30–50 kg und 1 000 Reichsmark pro Person mitnehmen dürfen. Von den Tschechen sollten sie mit einem mindestens für drei Tage reichenden Lebensmittelvorrat und auf der Fahrt durch tschechische Staatsgebiete mit warmer Verpflegung versorgt werden. Diese Bedingungen wurden aber nicht immer eingehalten. In einem Ausweisungsbescheid vom April 1946 aus Radischen/Kreis Kaplitz stand genau, was man mitnehmen durfte: zwei Decken, vier Wäschegarnituren, zwei gute Arbeitsanzüge, zwei Paar gute Arbeitsschuhe, ein guter Arbeitsmantel, eine Essschale, eine Tasse und ein Essbesteck, zwei Handtücher und Seife, Nähzeug, Lebensmittelkarten und die amtlichen Personalausweise und Dokumente neben weiteren Gegenständen des persönlichen Bedarfs, etwas unverderblichen Lebensmittel (R. Messerschmidt [1991]: 41). Die Ausgewiesenen wurden in Durchgangslagern vorläufig registriert, ärztlich untersucht, entlaust und verpflegt.

Laut W. Richter (1989) fanden sudetendeutsche Vertriebenentransporte aus der Tschechoslowakei nach und durch Bayern vom 25.01.–27.11.1946 statt. Meine Großmutter fuhr mit ihrer Schwiegermutter und den beiden Kindern zusammen in einem Güterzug von Karlovice nach Domasžlice und von da aus nach Bayern. Wenn der Zug anhielt, kamen manchmal Bauern, warfen Brot in die Wagen oder brachten Suppe. Sie kamen dann nach München in ein Auffanglager, eine große Turnhalle voller Stockbetten. Das war vorerst ihre letzte Station, aber immer noch wussten sie nichts über den Verbleib des Großvaters.

1946–1948: Die Nachkriegsjahre, in denen das Rezeptheft geschrieben wurde

Aus heutiger Sicht ist es sehr schwer, sich die Verhältnisse in Deutschland nach dem Ende des Zweiten Weltkriegs vorzustellen. Deutschland war wirtschaftlich und politisch am Ende. Die vier Zonen der Siegermächte mussten sich selbst versorgen, der Handel zwischen ihnen war minimal. Die Vertriebenen wurden in die allliierten Zonen verteilt. Die Nachkriegsjahre waren geprägt von Mangel und Verzicht.

Die Versorgung der Bevölkerung nach dem Krieg war nur schwer zu bewerkstelligen. Agrarflächen waren zerstört. Es herrschte Mangel an Saatgut, Düngemitteln, Werkzeug und Schädlingsbekämpfungsmitteln. Maschinen und Geräte waren veraltet. Auch der Ausfall der erfahrenen Arbeitskräfte machte sich bemerkbar. Auf den Bauernhöfen hatten oftmals Frauen oder Fremd-/Zwangsarbeiter die Arbeit der Männer übernommen. Die deutsche Ernte betrug 1946 nur zwei Drittel, 1947 nur rund die Hälfte der Normalernte von vor dem Krieg. Bis 1944 waren die Lücken noch teilweise durch den Import aus besetzten Gebieten ausgeglichen worden. Mit dem Verlust des Ostens ging Deutschland ein großer Teil der landwirtschaftlichen Produktion verloren, der dort auf Kosten der einheimischen Bevölkerung gegangen war. Deutschland wurde von Importen abhängig. Die einsetzende Inflation führte dazu, dass die Erzeuger keinen Sinn darin sahen, Waren für Geld zu verkaufen, für das man nichts kaufen konnte. Der Gütertransport, der in Deutschland vornehmlich über die Eisenbahn erfolgte, war größtenteils lahmgelegt; es fehlten funktionsfähige Waggons, und Brücken und Bahnlinien waren zerstört. Das Straßennetz war beschädigt, es mangelte an Autos und Treibstoff. Auch Post- und Telefonverkehr liefen nur noch eingeschränkt. Die Wohnungsnot hatte sich durch die Zerstörungen des Luftkriegs verschärft und aus den Ostgebieten strömten immer mehr Menschen hinzu, die versorgt und untergebracht werden mussten.

Die Lebensumstände der Familie in den Nachkriegsjahren spiegeln wider, was in Deutschland nach dem Krieg die Hauptprobleme der Bevölkerung waren. Wo im Ersten Weltkrieg der Hunger am meisten gequält hatte, wurde nach dem Zweiten Weltkrieg zusätzlich die Kälte als große Belastung empfunden. Die Wohnungen waren mit Öfen geheizt und es standen zu wenige Rohstoffe zum Heizen zur Verfügung. Auch die Versorgung mit Textilien und Schuhen hatte sich verschlechtert.

Mein Großvater kam am Kriegsende in Gefangenschaft. Von dieser erzählte er nicht gerne, daher wissen wir nicht, wo genau er gewesen war. Da er nicht mehr nach Troppau zurückkehren konnte, begleitete er 1946 einen Kriegskameraden nach Kirberg bei Limburg an der Lahn. Limburg lag in der amerikanischen Zone, die als am besten versorgt galt. Hier hatten noch einige landwirtschaftliche Klein- und Mittelbetriebe den Krieg überstanden. Er hatte Glück und fand in einer Glashütte in der Nähe von Limburg eine Anstellung in seinem gelernten Beruf als Elektriker. Der Chef der Glashütte war ebenfalls Sudetendeutscher.

Mein Großvater fand auch eine Wohnung in der Nähe seines Arbeitsplatzes und nahm die Suche nach seiner Familie auf. Erst als er 1946 Arbeit und Wohnung gefunden hatte, holte er seine Familie in München aus dem Lager ab. Die Familie, Vater, Mutter, zwei Kinder und Schwiegermutter lebte dann im kleinen Ort Staffel in einer kleinen Zweizimmer-Dachwohnung mit wenig Komfort. Nach dem damaligen einfachen Lebensstandard bestand sie aus einer Wohnküche mit Essecke, dem einzigen Kohleofen, der »Küchenhexe«, einem mit Holz befeuerten Herd mit Backofen, der gleichzeitig als Heizung diente, und einem kleineren Zimmer mit zwei Stockbetten. Die Toilette war ein Plumpsklo im Hof, und man badete einmal in der Woche in einer Zinkwanne, die in der Wohnküche aufgestellt wurde. Es gab fließendes Wasser; Kohle und Holz zum Heizen bekamen sie von Nachbarn geschenkt.

Viel wird über Diskriminierung der Vertriebenen berichtet. Die Vertriebenen waren anders, sie sprachen einen fremden Akzent, waren Konkurrenten um Wohnraum und Nahrung. Für viele gab es eine öffentliche Fürsorgeunterstützung, was Neid erweckte. Die ersten Zugezogenen wurden oft freundlich empfangen. Zuerst überwog das Verständnis. Man hatte Mitleid mit dem schweren Schicksal der Flüchtlinge, die sich ihrerseits so gut es ging anzupassen versuchten. Es wurde mit Plakaten Werbung gemacht, den Vertriebenen zu helfen und zu spenden. Mit der steigenden Flüchtlingszahl wurde die Zurückhaltung größer und steigerte sich zur Unnachgiebigkeit. Meine Mutter hat jedoch keine Erinnerung daran, dass sie als Flüchtling diskriminiert wurde, eher an große Unterstützung durch die Einheimischen.

Die Ernährungssituation in der Kriegs- und Nachkriegszeit

Damit man eine bessere Vorstellung davon erhält, welche Nahrungsmittel in der Nachkriegszeit erhältlich waren und welche Mengen davon täglich zur Verfügung standen, soll hier die Ernährungssituation in der Kriegs- und Nachkriegszeit näher betrachtet werden.

Die Lebensmittelbeschränkung begann bereits 1939 mit Teilrationierungen. In den ersten Kriegsjahren waren noch bis zu 20% der Kalorienzufuhr unrationiert erhältlich. Kartoffeln waren bis 1942 unrationiert, ab da gab es Kürzungen bei Fleisch, Brot und Fett. Obst und Gemüse wurden knapp. Lebensmittelkarten wurden eingeführt. Verwendungszweck und Laufzeit unterschieden sich bei den Karten, so erhielten Säuglinge, Kinder und Jugendliche voneinander abweichende Rationen. Kranke, Schwer- und Schwerstarbeiter und andere Sondergruppen bekamen Zulagenkarten, und landwirtschaftliche Selbstversorger hatten Vergünstigungen. Juden bekamen keine Sonderzulagen, die Wehrmacht hingegen bekam größere Zuteilungen. Eine Garantie, dass man die Mengen der auf den Marken angegebenen Lebensmittel auch erhielt, gab es nicht, und verlorene Karten wurden nicht ersetzt. Aufgrund des Kartenabschnitt-Rücklaufs wurden wieder Lebensmittel an die Kleinhändler zugeteilt.

Im Verlauf des Kriegs konnte man nahezu alle Lebensmittel nur noch auf Lebensmittelkarten hin erhalten. Es war aber weiterhin mit Geld zu zahlen, man musste sich die Zuteilungen also auch, trotz steigender Preise, leisten können! Die Verbraucherpreise nahmen für Brot, Haferflocken, Butter, Margarine, Öl, Zucker, Marmelade, Kartoffeln, Eier, Milch, Käse, Rind- und Schweinefleisch, Wurst, Hering, Kaffee-Ersatz, Bohnenkaffee, Zigaretten und Branntwein von 1938 bis Ende 1948 im Durchschnitt um 102% zu. Zudem sank die Warenqualität bei gleichbleibenden Preisen (J. Heibel 2002).

Nach dem Krieg begann die schlimmste Hungerzeit, in der es bis zur Währungsreform 1948 immer weniger zu essen gab. Vor allem die ersten drei Nachkriegsjahre waren von einer Unterversorgung sowohl hinsichtlich der Kalorien als auch der Nährstoffe geprägt.

Zucker und Fett waren Mangelware, heute übliche Süßigkeiten für »zwischendurch« gab es damals nur selten zu kaufen (sieben Rezepte für Süßigkeiten findet man im Rezeptheft). Fleisch oder Fisch gab es fast gar nicht, und Wurst oder Käse als Brotbelag waren Luxus (mehrere Rezepte für Brotbelag findet man im Rezeptheft). Einen Kühlschrank hatte nach dem Krieg noch fast niemand, so dass die frischen Produkte immer schnell verbraucht oder konserviert werden mussten. Gekocht wurde meist auf einer »Küchenhexe«. Gemüse und Obst gab es nach Saison. Manches davon gab es dann in so großer Menge (Rhabarber, Rüben, Sauerkraut, Kürbis), dass so mancher sein Leben lang diese Dinge nicht mehr essen wollte. Wer einen eigenen Garten hatte, versorgte sich selbst mit Gemüse und Obst der Saison. Für die restliche Zeit des Jahres wurde dann eingemacht. Am größten war die Sehnsucht oft nach etwas Süßem oder nach bestimmten Speisen, die nicht erhältlich waren. Meine Mutter sehnte sich z. B. jahrelang nach einer Orange.

Das Buch von H. Schlange-Schöningen (1955), *Im Schatten des Hungers*, gibt umfassend Auskunft über die besondere Problematik der Ernährung in der Nachkriegszeit. Deutschland war bis Kriegsende eine administrative Einheit mit Zentralverwaltung gewesen. Die Aufteilung Deutschlands bewirkte eine Dezentralisierung, die zu Verteilungsproblemen führte. Die landwirtschaftlichen Produkte mussten erfasst, die Versorgung der Verarbeitungsbetriebe (Mühlen, Bäckereien, Metzgereien etc.) und die Verteilung sichergestellt werden. Die drei Westzonen wurden 1945 voneinander unabhängig und nahmen ernährungswirtschaftlich eine unterschiedliche Entwicklung. In der französischen Besatzungszone war die Situation am härtesten, den anderen Zonen ging es etwas besser. Meine Großeltern hatten das Glück, in der damals amerikanischen Zone zu wohnen, aber Hessen war ernährungswirtschaftlich deren schwächster Teil. 1945 wurde begonnen, die Rationen einheitlich festzusetzen. Man lebte zunächst von der eigenen Ernte, die aber 1945 nicht den Erwartungen entsprach.

Die Lebensmitteleinfuhr aus dem Ausland hatte von 1946–1948 extrem zugenommen. Rund 63% der in der »Bizone« (Bizone oder Vereinigtes Wirtschaftsgebiet waren die der amerikanischen und britischen Besatzungsmacht unterstellten Teile Deutschlands) offiziell verteilten Lebensmittel wurden von Sommer 1946 bis Ende 1948 aus dem Ausland importiert. Und trotzdem war nur eine Minimalversorgung der Bevölkerung gegeben, denn ab Frühjahr 1946 mussten durch den Zustrom der Flüchtlinge noch mehr Menschen versorgt werden. Schon im März 1946 konnten die Lieferversprechen nicht eingehalten werden. Es musste verstärkt auf deutsche Ernte und Vorräte zurückgegriffen werden.

Eine der ersten Maßnahmen der Besatzungsmächte nach dem Krieg war ein großes Viehschlachtungs-Programm. Das half erst einmal, da nun die Futterpflanzen für die menschliche Ernährung verwendet werden konnten. Langfristig fehlten aber das Fleisch für die Ernährung und der Dung für die Fruchtbarkeit der Felder. Die Bauern fürchteten um ihr Vieh, es war ein gewaltiger Eingriff in die Wirtschaft der Betriebe, der auch Einfluss auf die Milch- und Fettproduktion hatte.

Von Mai bis September 1946 wurden zusätzlich Trockenei (s. Kartoffeleckerln, S. 90), Trockenmilch und -gemüse aus amerikanischen Armeebeständen verteilt. Trockenkartoffeln (s. Kartoffelpfannkuchen mit Brotary, S. 95) wurden in großem Umfang an Stelle der gewohnten Frischkartoffel verteilt und die Bevölkerung musste die Verwendung erst erklärt bekommen. In den Zeitungen wurden daher passende Rezepte veröffentlicht.

Die Brotqualität sank infolge des höheren Roggenanteils. Ab November 1944 hatte es Weizenerzeugnisse nur noch als Krankennahrung gegeben. Zusammen mit der Kartoffel war das Brot der Hauptkalorienträger. Die Versorgung mit Speisekartoffeln hatte ab Mitte November 1944 nicht mehr ausgereicht, Obst und Gemüse gab es nur selten. Besonders schlimm war die Unterversorgung mit Fett sowie fetthaltigen Nahrungsmitteln und Kartoffeln. Im Frühjahr 1946 dann waren die Tagesrationen immer noch so niedrig, dass körperliche Arbeit fast unmöglich wurde.

Bei der Betrachtung der unterschiedlichen Quellen zur Ernährungslage in der Nachkriegszeit fällt auf, dass die Angaben zu den Lebensmittelrationen variieren. Zusätzlich gab es regional große Differenzen in den offiziellen Angaben und dem, was tatsächlich erhältlich war. Die hier aufgeführten Werte sind also nur ungefähre Richtlinien, anhand derer man sich zumindest eine Vorstellung über die geringe Größe der Zuteilungen machen kann.

Nach internationaler Übereinkunft ist laut J. Heibel (2002) ein Tagessatz von 45 g Eiweiß, 45 g Fett und 245 g Kohlenhydrate und insgesamt 1600 kcal als Minimumsbedarf des Menschen in Ruhestellung notwendig. Männer brauchen aber nach modernen Erkenntnissen bei sitzender Tätigkeit 2400–2600 kcal und Frauen 2000–2200 kcal. Die Angaben beziehen sich jeweils auf das Alter von 45 bzw. 25 Jahren, bei älteren Menschen sinkt der Kalorienbedarf. In der Zeit nach dem Krieg galten andere Werte:

Gruppe	Kleinstkinder (0–2 Jahre)	Kleinkinder (3–5 Jahre)	Normalverbraucher bzw. Kinder (6–17 Jahre)	Mittel-/ Schwerarbeiter	Schwerarbeiter	Schwerstarbeiter
kcal	1000	1200	1550	2000	2500	3000

Tab. 1: Richtlinien für den durchschnittlichen Kalorienbedarf pro Tag in Deutschland nach dem Krieg (J. Heibel [2002]).

Der Kalorienbedarf erwachsener Normalverbraucher war 1945–1948 nur zu 40–50% gedeckt. Die Rationen der jugendlichen Normalverbraucher und Kinder unterschieden sich nur wenig von denen für Erwachsene. Das führte bei dem hohen Kalorienbedarf der

Jugendlichen zu einer noch geringeren Bedarfsdeckung, bei Säuglingen hingegen zu einem Überschuss.

H. Schlange-Schöningen (1955: 302–305) führt die Normalverbraucherrationen pro Tag für das amerikanisch besetzte und ab 1947 Bizone oder Vereinigtes Wirtschaftsgebiet genannte Gebiet von 1945–1949 in Hessen auf. Vom 28.05.1945 bis Mai 1949 sind im Durchschnitt 1 466 kcal pro Tag angegeben, mit dem niedrigsten Wert 17.09.–14.10.1945 846 kcal und dem höchsten Wert im Juli 1948 mit 1 990 kcal.

Die Lebensmittelrationen bestanden überwiegend aus Kartoffeln (12–15 kg/Monat) und Brot (200–250 g/Tag), daneben aus 300 g Fett (Butter, Margarine, Öl), 125 g Käse und 400–500 g Fleisch, jeweils monatlich. Teigwaren (200–500 g) wurden erst Anfang 1947, Mehl ab Ende des gleichen Jahres ausgegeben, Zuckerzuteilungen erfolgten bis Ende 1947 nur sporadisch 6–8 Mal im Jahr, Milch stand nur für Kleinkinder zur Verfügung. Brot und Kartoffeln waren großzügiger, alle anderen Nahrungsmittel zu knapp bemessen (K.-H. Rothenberger [1997]).

Die Mindestversorgung für Fett wurde bereits ab Sommer 1940 unterschritten, für Eiweiß ab Sommer 1942, die Mindestkalorienmengen ab Winter 1944/45 und die Mindestmenge für Kohlenhydrate ab Anfang 1945. Die Fett- und Fleischrationen wurden weiter herabgesetzt und die Brotration dafür erhöht (J. Heibel [2002]). Davon wird auch in einem Zeitungsartikel der Marburger Presse vom 07.03.1947 (W. Wolf [1986]: 68–70; s. Tab. 2) berichtet, in dem für die 99. Zustellungsperiode (03.03.–30.03.1947) die Herabsetzung der Fettration von 250 g auf 200 g, der Fleischration von 1000 g auf 600 g und die Erhöhung der Brotration von 10250 g auf 10750 g beschrieben wird. Die Kalorienzahl bleibt damit bei 1550 kcal insgesamt gleich, was aber ernährungswissenschaftlich gesehen nicht das Gleiche für den Körper bedeutet. Die Menschen waren über diese Zahlen-Kunststückchen verständlicherweise wütend.

J. Heibel (2002) schreibt, dass der absolute Tiefstand in der Versorgung in der Bizone im Frühjahr 1947 erreicht war. Vor allem die Fettzuteilung war auf magere 12 g herabgesetzt worden. Die Kalorienmenge betrug 1947 im Schnitt ca. 1310 kcal. Die Besatzungsbehörden waren sich darüber im Klaren, dass diese Rationen unter dem Existenzminimum lagen. Sie sahen nur keine Möglichkeiten, diese Rationssätze zu erhöhen.

Zum Vergleich: Der Kalorientagessatz von mir bekannten heute üblichen Diäten liegt im Schnitt bei 1200 kcal und rund 40 g Fett pro Tag. Wer viel Sport macht, sollte sogar noch etwas mehr essen: 1400 kcal. Mit solch einer Diät ist ein Gewichtsverlust von einem halben bis einem Kilo pro Woche realisierbar.

Eine Umstellung der Essgewohnheiten wurde gefordert. Hausfrauen wurden zu sparsamem Kochen und Resteverwertung angehalten, es gab hauswirtschaftliche Beratung

Nahrungsmittel	kcal je 100 g	Zuteilung monatlich in g	Zuteilung täglich in g	tägliche kcal
Brot	245	10750	383,9	941
Nährmittel	330	1000	35,7	118
Fleisch	155	600	21,4	33
Fisch	136	500	18,0	25
Fett	720	200	7,1	51
Zucker	400	500	18,0	72
Käse	240	125	4,5	11
Magermilch	34	1500	53,6	18
Kartoffeln	65	12000	428,6	279
gesamt		27175	970,8	1548

Tab. 2: Angaben zu Nahrungsmitteln und Kalorien, die den Menschen 1947 im Kreis Marburg (Luftlinie zu Limburg ca. 75 km) pro Tag zur Verfügung standen. Aus einem Zeitungsartikel der Marburger Presse vom 07.03.1947 (W. Wolf {1986}: 68–70). Siehe dazu Abb. 3.

und Vorträge zu Ernährungsfragen. Es wurden Kochrezepte angeboten, mit deren Hilfe man bei verringerter Kalorienzahl und geringen Eiweiß- und Fettmengen noch leckere, halbwegs gesunde Mahlzeiten zubereiten konnte. Und das war genau zu der Zeit, in der mein Großvater das Rezeptheft schrieb.

K.-H. Rothenberger (1997) schreibt über die Ernährung der Bevölkerung von Rheinland-Pfalz in der Nachkriegszeit: Man müsse zwischen Stadt- und Landbewohnern unterscheiden. Die Stadtbevölkerung sei von der Ernährungskrise am härtesten getroffen gewesen und habe das Bild vom Elend der Zeit geprägt, die Hälfte der Gesamtbevölkerung habe aber auf dem Land gelebt. Ein Teil davon seien Bauern gewesen, die fast ihren gesamten Bedarf an Hauptlebensmitteln selbst deckten und dadurch von der Ernährungskrise fast nicht berührt wurden. Nicht viel schlechter seien die Verhältnisse bei den Teil-Selbstversorgern gewesen, denn auf dem Land hätten sich für viele neben Gartenanbau und Kleinviehhaltung noch Möglichkeiten zur Beschaffung von zusätzlichen Lebensmitteln beim Bauern durch Tauschen von Wertsachen oder Arbeit ergeben.

Die Gegend, in die meine Großeltern zogen, war ländlich. Sie gehörten zu den Teil-Selbstversorgern, die eine verhältnismäßig bessere Lage hatten als die Stadtbewohner.

Abb. 3: Die laut Tab. 2 abgewogene Tagesration im Uhrzeigersinn: Kartoffeln, Magermilch, Fleisch (Salami), Butter und Käse, Zucker, Fisch, Nährmittel (Nudeln) und Brot.

Es gab nach dem Zweiten Weltkrieg Kleider- und Gebrauchsgütersammlungen sowie eine Gartenverteilung. Auch meine Großeltern gelangten damals an einem Schrebergarten. Durch den Garten und freundliche und hilfsbereite Bauern konnten sie die mageren Essensrationen durch allerlei ergänzen. Im Schrebergarten bauten sie Gemüse an; die Kinder hatten ihre eigenen Beete. Bei den Bauern bekamen die Kinder Milch, Eier und Quark geschenkt. Obst wurde eingekocht und zu Saft verarbeitet (s. Einkochrezepte ab S. 111). Neben Marmeladen wurden Kompott, Säfte und anderes hergestellt. Haushaltsgegenstände wie Einmachgläser und Dosen, die damals Mangelware waren, sollten vor allem Fliegergeschädigten und Neuangesiedelten zukommen, da diese ja über keine Ausstattung mehr verfügten. Auch meine Großeltern gelangten so an das Einkochmaterial. Mein Großvater hielt damals Kaninchen, für die meine Mutter mit ihrem Bruder zusammen Kräuter von den Wiesen sammeln ging. Nach der Ernte ging die gesamte Familie auf die Felder zum »Stoppeln«: Man sammelte und harkte liegen gebliebene Kartoffeln und Getreideähren auf. Letztere tauschte man dann beim Müller gegen Mehl ein und dieses wiederum beim Bäcker gegen Brot oder man buk daraus nach den Rezepten in diesem Buch. Im Wald gingen sie Pilze, Brom- und Heidelbeeren sammeln.

Die Not traf die Vertriebenen härter als die Einheimischen, weil sie oft nicht mehr besaßen als das, was sie auf dem Leibe trugen. Geschirr usw. musste geliehen werden. Zu kaufen gab es so gut wie nichts. Auf dem Schwarzmarkt konnte man zwar Lebensmittel eintauschen, aber meine Großeltern hatten nichts anzubieten, da sie keinen Besitz nach Limburg hatten retten können. Bucheckern sammelten sie im Wald und tauschten sie dann gegen Öl ein, wobei der Ertrag sehr gering war, oder sie machten z. B. Bucheckernwurst (S. 88) daraus. Selbst für das Bucheckernsammeln brauchte man einen Erlaubnisschein.

Nur am Sonntag gab es Kuchen und Fleisch. Meine Mutter erinnert sich heute noch an die auf der heißen Herdplatte getoasteten und mit Senf als Brotbelag bestrichenen Brote. Der war leicht erhältlich und musste oft als Ersatz für Butter, Käse oder Wurst herhalten. Insgesamt meint meine Mutter, sie habe außer direkt auf der Flucht nie schlimm an Hunger gelitten, aber man hätte damals durchaus auch ungewöhnliche Dinge gegessen (wie das Ausnahmerezept auf S. 123).

Ab dem 05.06.1946 war es möglich, CARE-Pakete in die amerikanische Besatzungszone zu schicken. Die ersten CARE-Pakete waren sogenannte Ten-in-One-Rationen (für jeweils zehn Soldaten) aus Beständen der US-Armee. Im März 1947, als diese Bestände verbraucht waren, begann CARE, Pakete zu verschicken, deren Inhalt die Organisation selbst zusammenstellte und packte. Der Inhalt der Pakete variierte von Zeit zu Zeit, hatte jedoch die folgende Grundausstattung:

500 g Rindfleisch in Kraftbrühe, 500 g Steaks und Nieren, 250 g Leber, 250 g Corned Beef, 375 g »Prem« (Fleisch zum Mittagessen), 250 g Speck, 1 kg Margarine, 500 g Schweineschmalz, 500 g Aprikosen-Konserven, 500 g Honig, 500 g Rosinen, 500 g Schokolade, 1 kg Zucker, 250 g pulverisierte Eier, 1 kg Vollmilchpulver, 1 kg Kaffee.

Der Nährwert dieser Pakete entsprach etwa 40 000 kcal. Das machte 1947 bei einer Zuweisung von auf einen Monat hochgerechnet 16 375 kcal (W. Wolf [1986]: 69) ca. 244% der monatlichen Kalorien aus: eine damals unglaubliche Menge!

Die CARE-Pakete, an die sich meine Mutter erinnern kann, enthielten außer Essen – wie Käse, Erdnüsse, Schokolade und vieles mehr in Dosen – auch Kleidung. Diese war allerdings modisch sehr weit von dem entfernt, was man in Deutschland damals trug. Meine Mutter bekam eine knallrote Jacke und einen Rock mit großen Karos. Mit dieser Bekleidung fiel sie damals sehr auf, was für sie als Mädchen in der Pubertät nicht einfach war. Meine Großeltern hatten keine Bekannten in den USA; die CARE-Pakete konnte damals jeder erhalten.

Im Schuljahr 1948/49 wurden in Rahmen des Hoover-Programms Flüchtlingskinder in Hessen mit Schulspeisung bedient. 78% der Kinder von 6–18 Jahren wurden laut R. Messerschmidt (1991: 161) von der Schule betreut. In der ländlichen Grundschule, die meine Mutter besuchte, war eine Schulspeisung nicht vorgesehen. Erst später, im katholischen Mädchengymnasium Marienschule in Limburg, konnte meine Mutter in der Schule an Mahlzeiten teilnehmen.

Mit dem Jahr 1948 endet das Rezeptheft meines Großvaters. Im Juni 1948, mit der Währungsreform, wurden an jeden Bürger 40 Deutsche Mark ausgegeben und nach der Entbehrungszeit waren plötzlich wieder alle Arten von Waren frei auf dem Markt erhältlich.

Mein Großvater fand in Frankfurt am Main eine Stelle als Elektriker. Die Familie konnte dort mit Hilfe von Mitteln aus dem Marschall-Plan, der den Westsektoren zwischen 1948 und 1954 Gelder für den Wiederaufbau bescherte, ein kleines Einfamilienhaus kaufen. In der Küche dieses Hauses habe ich das Rezeptheft gefunden. Die Kiste mit den Habseligkeiten der Flucht hatte mit Familienfotos und Stammbuch auch überlebt und stand noch bis zum Tod meiner Großeltern dort.

Die Frustration meines Großvaters über den Verlust seiner Heimat blieb dauerhaft bestehen. Er bezog die Zeitschrift »Troppauer Heimat Chronik. Beiträge zur Heimatgeschichte und zur Pflege der alten Heimatgemeinschaft des Oppa- und Altvaterlandes«. In der Beilage »Unser Sudetenland« gab es immer einen »Blick in die geraubte Heimat«: jeweils aktuelle Fotos aus dem Sudetenland. Es wurde nicht darüber gesprochen, aber die Hoffnung, noch einmal in die alte Heimat zurückkehren zu können, ist nie bei ihm gestorben.

Erklärungen und Ergänzungen

Die Küche im Sudetenland

In der Küche des Sudentenlandes vermischten sich mährische, schlesische, österreichische, böhmische, bayerische und sächsische Einflüsse, je nach Nähe zu den Grenzregionen. Daher finden sich in vielen Rezepten dieses Heftes die Einflüsse der angrenzenden Gebiete. Im Folgenden ist kursiv gesetzt, was ich an Spezialitäten in den Rezepten des Heftes wiedergefunden habe und was diese Mischung sehr deutlich macht.

Die **nordmährische Küche** war einfach und wenig gewürzt. Die Hauptmahlzeit konnte herzhaft oder süß (z. B. Quarknocken) sein. Es wurde nicht gerne etwas weggeworfen. Reste wurden am nächsten Tag weiterverwendet und: *Kein Sonntag verging ohne Kuchen.*

Die **schlesische Küche** war ebenfalls eine vergleichsweise reichhaltige Küche. Da Schlesien lange Zeit zu Böhmen und dem Kaiserreich Österreich gehörte, erklärt sich die Vorliebe der schlesischen Küche für *Mehlspeisen* und *Süßspeisen*. Verwendet wurden *Kartoffeln*, *Rote Beete*, *Kohl* und Sauerkraut, Gurken, Graupen, *Majoran. Mohn* und Trockenfrüchte für Gebäcke und Süßspeisen. An Kuchen waren *Mohnkuchen* oder Hefekuchen mit Streuseln und *gedeckter Apfelkuchen* am bekanntesten. An Fleisch wurde vor allem Schweinefleisch, gelegentlich auch Rindfleisch verwendet. Typische Fische waren Karpfen und Forellen. Zu den Spezialitäten der schlesischen Küche zählen u. a. das Schlesische Himmelreich (Schweinefleisch mit Backobst und Klößen), *Semmelknödel*, schlesische *Kartoffelklöße* und *Klöße* überhaupt, die nicht immer rund sein müssen, Bigusch bzw. Bigos (Sauerkrauteintopf). Bier war das bevorzugte Getränk des Schlesiers, es wurde aber auch Wein angebaut, der allerdings wohl sehr sauer war.

Die **österreichische Küche** ist bekannt für *Knödel und Strudel* verschiedener Art, *Kaiserschmarrn* und *Palatschinken*, *Linzer Torte*, *Kipferl* und den *Gugelhupf*. Auch *Mohn* wird zum Backen gerne verwendet.

Die **böhmische Küche** war üppig. Hauptsächlich wurde Schweinefleisch, seltener Lamm und Fisch, verwendet. Die häufigsten Beilagen waren *Knödel*, dazu Bratensaft und *Kartoffeln*. Typische Gewürze waren Salz, Knoblauch, Kümmel, *Piment*, Liebstöckel und *Majoran*. Typische Spezialitäten sind Powidl (Pflaumenmus) und *Mohn*. Bekannt sind vor allem die böhmischen *Mehlspeisen*, die auch einen großen Einfluss auf die österreichische Küche hatten.

Für die **bayerische Küche** sind Fleisch-, Braten- und *Knödelgerichte* sowie *Mehlspeisen* typisch. Die altbayerische Küche ist verwandt mit der böhmischen und österreichischen Küche. *Gugelhupf*, *Apfelstrudel und -kuchen* finden wir auch hier wieder.

Typisch für die **sächsische Küche** ist die Vielfalt von Soßen zu Hauptgerichten und *Klöße* sowie *Knödel*. An Fisch wird vor allem Forelle und Karpfen gegessen. Sehr bekannt ist der Dresdner *Stollen*.

U. Tolksdorf (1978), der die Ernährungsgewohnheiten der Heimatvertriebenen aus West- und Ostpreußen nach dem Zweiten Weltkrieg untersucht hat, schreibt, dass die Geschmacksrichtung, die in den Kinderjahren die Kost bestimmt hat, zeitlebens beibehalten wird. Bei Auswanderern werde die Kost zum Inbegriff der Heimat. Vor allem die Gewürze, aber auch die Art der Zubereitung spielten dabei eine Rolle. Das ist eine gute Erklärung dafür, wie wichtig meinem Großvater die Rezepte in diesem Buch waren. Über den Einfluss der Flüchtlinge aus dem Osten im Allgemeinen schreibt Tolksdorf, dass z. B. der Konsum von Waldpilzen im Westen nicht verbreitet gewesen sei. Die Ostflüchtlinge hätten ihre Kenntnisse in den Westen gebracht. Damals habe man den Rückschluss gezogen: Wer Pilze sammeln geht, ist ein Flüchtling. Auch der Gebrauch von Mohn für Gebäck habe sich durch die Vertriebenen stärker ausgedehnt, und heute ist ein »Mohnplunder« beim Bäcker ein ganz alltägliches Kaffeestückchen geworden.

Zu den Rezepten

Für das Format dieses Buches wurde eine Auswahl von gut 100 der ursprünglich 160 Rezepte getroffen. Die Rezeptsammlung beginnt jeweils mit der unveränderten Abschrift des Originalrezepts, mit einem Stiftsymbol gekennzeichnet. Die Mengen in den Originalrezepten sind vor allem in Dekagramm (dkg) angegeben, und oft finden sich nur sehr wenige Hinweise zu Zubereitung, Backtemperatur und -dauer. Daher habe ich die Mengenangaben auf heute übliche Maßeinheiten umgeschrieben und genaue Anweisungen zur Verarbeitung ergänzt. Ich habe alle Rezepte genauso zuzubereiten versucht wie beschrieben. Es war mir dabei eine große Hilfe, dass ich als Kind meinen Großeltern in der Küche geholfen habe und viele der Zubereitungen kenne. Wenn diese nicht genau genannt waren, habe ich es so gemacht, wie ich es von meinen Großeltern gelernt habe. Ich habe aber auch Vergleichsrezepte zu Rate gezogen, wenn ich mit den eigenen Kenntnissen nicht weiterkam.

Besonders wichtig war mir, dass die Rezepte möglichst authentisch umgesetzt werden. Dazu waren Recherchen nötig, denn einige Ausdrücke sind aus dem Ostmärkischen, einem Dialekt, den ich nicht beherrsche, und es gibt Bezeichnungen für Produkte, die es heute nicht mehr gibt. Das Ergebnis findet sich in den Kapiteln »Begriffe aus dem Ostmärkischen« und »Produkte, die heute nicht mehr erhältlich sind«.

Experimentierfreudige können die Originalversion zum Ausprobieren neuer Varianten nutzen, denn meine erprobten Versionen sind sicher nicht die einzige Möglichkeit, die Rezepte zuzubereiten. Mit den Zutaten habe ich variiert und z. B. Fruchtzucker oder Rohrohrzucker statt Haushaltszucker verwendet oder Vollkornmehl, Buchweizenmehl oder Maismehl statt Weizenmehl Typ 450.

Veganer, Diabetiker und Menschen mit Laktose- oder Glutenunverträglichkeit finden am Ende des Ergänzungsteils hilfreiche Hinweise.

Benötigte Küchenausstattung

Für eine möglichst originalgetreue Zubereitung benötigt man eine große Rührschüssel, Rührbesen, Fleischwolf, Reibe, Küchenwaage, Kochtopf, Pfanne, Kochlöffel, Backpinsel, Mörser für Gewürze, Nudelholz, ein Küchenhandtuch zum Ausrollen für Strudelteig und eine Spritztüte für Sahne. An Backformen bieten sich an: eine kleine Kastenform (ca. 22 cm), kleine (Ø ca. 18 cm) und große (Ø 25–30 cm) Tortenback-/Springform, Napfkuchen- und Rehrückenform, Plätzchenförmchen sowie ein kleines Backblech, ca. 50 cm lang und 30 cm breit. Die Angaben in den Rezepten sind fast immer für kleine Formen und Bleche gedacht. Für eine große Form oder große Bleche nimmt man dann einfach die doppelte Menge. Sehr hilfreich ist aber heutzutage eine Küchenmaschine mit Rührbesen, Knethaken und Reibe.

Jeder, der altes Besteck besitzt, weiß, wie groß früher die Esslöffel waren. In einem Rezept war angegeben, dass zwölf Esslöffel 125 ml Wasser entsprechen. Diese abgemessene Menge kam mit meinem Esslöffel aber nur auf knapp 100 ml. Eier waren vermutlich damals etwas kleiner. Ich habe das in den Angaben der von mir geschriebenen Rezepte berücksichtigt und an die modernen Maße angepasst.

Für die Einkochrezepte benötigt man Gläser und Flaschen und ein Leintuch zum Durchseihen und für den Hagebuttenwein zusätzlich eventuell einen Gärballon mit Gärröhrchen. Für den Hustensaft braucht man einen Kaffeefilter und Filterpapier und für die Bucheckernwurst kochfähigen Wurstdarm als Zellophan, der beim Metzger oder im Metzgereibedarf erhältlich ist.

Backtemperaturen Elektro- und Gasherd

Zu Großmutters Zeiten wurde eine »Küchenhexe« zum Kochen, Backen und Heizen der Wohnung verwendet. Backtemperaturen ließen sich nicht so einfach einstellen, wie es heute möglich ist. Der Ofen war entweder an oder aus. Natürlich konnte man ein wenig variieren in der Höhe des eingeschobenen Blechs oder darin, wie stark und mit welchem Material man den Ofen befeuerte oder indem man ihn langsam ausgehen ließ. Die Backzeiten variierten also auch stark und man konnte sich auf bestimmte, angegebene Zeiten nicht verlassen. In den Rezepten finden sich daher keine genauen Angaben zu Backzeiten oder Temperaturen, höchstens ungefähre Angaben. Daher habe ich die Temperaturen und Backzeiten genommen, die für vergleichbare Gebäcke in mir bekannten Rezepten verwendet werden und habe diese ausprobiert. Die besten Ergebnisse erzielte ich dabei ohne Umluft, denn damit wurden vor allem Plätzchen und Kleingebäcke manchmal zu trocken. Da es einem Holzbackofen näher kommt, habe ich schließlich auf Umluft verzichtet.

Die in den Rezepten angegebenen Temperaturen können mit Gas wie folgt erreicht werden:

Elektro	**Gas**	
140°C	Stufe 1	kleinste Flamme
150°C	Stufe 2	¼ große Flamme
180°C	Stufe 3	⅓ große Flamme
200°C	Stufe 4	½ große Flamme
220°C	Stufe 4	½ große Flamme

Die »Stäbchenprobe«, die mir meine Großeltern beigebracht haben und vielen bekannt sein dürfte, ist hilfreich, um zu überprüfen, ob ein Teig durchgebacken ist: Kurz vor Backende sticht man mit einem Holzstäbchen tief in den Teig ein. Der Kuchen ist fertig, wenn am Holzstäbchen kein weicher Teig mehr hängen bleibt.

Begriffe aus dem Ostmärkischen

Die folgenden Angaben wurden ergänzt aus K.-G. Tautenhahn (Hrsg.), *Gut backen im eigenen Herd!* (1940: 28) und *Das schmeckt in Ostmark und Sudetenland* (1940: 32):

absprudeln: verquirlen, verschlagen
abtreiben: sahnig oder schaumig rühren
Aranzini: Orangeat
Grammeln: Speckgrieben (in heißem Fett ausgelassene Speckwürfel)
Karfiol: Blumenkohl
Kipferl: Hörnchen
Klar(schnee): Eiweiß (Eischnee)
Knödel: Klöße
Kohl: Wirsing
(Kohl)-kraut: Weißkohl
Kohlrübe: Kohlrabi
Kren: Meerrettich
Lebzelt: Lebkuchen
Nockerln: mit Esslöffeln abgestochene, in Salzwasser gekochte Klöße
Palatschinken: Pfannkuchen
Paradeis(äpfel): Tomaten
Ribiseln: Johannisbeeren
Rohr: Backofen
Rosen Karfiol: Röschen von Blumenkohl
Rote Rüben: Rote Beete
Semmeln: Brötchen, Schrippen
Semmelbrösel: Paniermehl
Schlag(obers): Schlagsahne
Striezel: Hefezopf
Topfen: Quark
Topfentorte: Käsekuchen
Zeller: Sellerie

Produkte, die heute nicht mehr erhältlich sind

Brotary-Nährspeise: Ein um 1946 erhältliches Vollkornprodukt auf Weizenbasis, die sog. Brotary-Nahrung. Vermutlich handelte es sich um ein Produkt der Brotary Nahrungsmittel-Erzeugung u. Vertrieb GmbH. Ersatzweise kann man ungezuckerten Babybrei aus dem Naturkostladen nehmen.

Ceres: In Deutschland nicht, aber heute noch in Österreich erhältliches Kokosfett.

Mais-(Rum)-Krem-Speise: Vermutlich eine nach dem Krieg erhältliche Puddingfertigmischung aus Mais. Ich habe zu diesem Produkt keine weiteren Angaben gefunden. 60 g Maisstärke sind ein guter Ersatz.

Mehl (Brotmehl oder Kriegsmehl): Die Qualität des in der Nachkriegszeit erhältlichen Mehls entsprach nicht der heutigen. Für die Rezepte nimmt man am einfachsten Weizenmehl Typ 405, 550 oder höhere Typen, z. B. 1050 (die Typenzahl gibt den Mineralstoffanteil wieder) oder man mischt es mit Roggenmehl. Die Unterlagen einer Bäckerei belegen den Bezug dieser Mehlsorten in der Zeit von 1935–1944 (J. SCHULTE TO Bühne [2000]: 70): Weizenmehl Typ 0. A. (1050) Roggenmehl Typ 0. A. (1790) und Brotmehl (Typ 2800), welches bei der Weizenausmahlung zu 45% anfiel und bei jeder Verarbeitung von Roggenmehlerzeugnissen zu einem Drittel beigemischt werden musste.

Neugewürz: In Österreich wird Piment als »Neugewürz« bezeichnet. Piment ist ein Gewürz, das in der böhmischen Küche oft verwendet wird.

Salizil: Salizylsäure. Sie hat eine bakterienabtötende Wirkung. Ihr Einsatz als Konservierungsmittel ist heute verboten. Als Ersatz habe ich Zitronensäure verwendet.

Speisesoda: Soda und Natron sind verwandte Stoffe: Natron ist Natriumhydrogencarbonat, Soda Natriumcarbonat. Natron ist ein Inhaltsstoff von Backpulver. Bei Zugabe von Wasser entsteht eine chemische Reaktion, bei der Kohlendioxid produziert wird, welches in winzigen Bläschen verteilt den Teig auflockert. Durch Hitze wird zusätzlich das Kohlenmonoxid freigesetzt und das eingeschlossene Kohlendioxid wird frei. Der Kuchen wird so noch lockerer. Man kann anstelle von Soda Natron verwenden oder Natron oder Soda ungefähr gegen die doppelte Menge Backpulver tauschen. Allerdings wird bei Natron oder Soda ein »Säureträger« (Buttermilch, Zitrone etc.) benötigt, beim Backpulver ist er schon im Pulver enthalten. Speisesoda ist z. B. in griechischen Läden erhältlich.

Vitello: Margarinemarke.

Fett reduzieren

In diesem Kochbuch sind die meisten Rezepte, da es nach dem Krieg nur geringe Fettzuteilungen gegeben hat, fettarm.

Es wird angegeben, Backbleche entweder einzufetten oder, wenn man Fett sparen möchte, mit Backpapier zu belegen. Nach dem Krieg wurden die Bleche, um Fett zu sparen, z. B. mit Bienenwachs eingefettet.

Drei wunderbare Rezepte für fettarmen Sahneersatz stehen im Rezeptteil unter:

- falscher Schlag (S. 66)
- falscher Schlag als Überguss (S. 67) und
- falscher Schlag mit Kakao und Sahne (S. 67).

Zucker reduzieren oder ersetzen

Generell sind die meisten Rezepte zuckerarm, da in der Nachkriegszeit Zucker schwer erhältlich und rationiert war. Ich habe den gewöhnlichen Haushaltszucker in den meisten Rezepten durch Rohrohrzucker ersetzt. Dabei ist zu beachten, dass Rohrohrzucker gröber ist und sich nicht so gut im Teig löst. Er ist nicht für Rezepte, in denen Puderzucker angegeben ist, geeignet. Dann ist Fruchtzucker eine gute Alternative. Er bräunt aber schneller, eventuell müssen die Backwaren daher beim Backen mit Alufolie abgedeckt werden.

Anmerkungen für Menschen mit Glutenunverträglichkeit

Viele Backrezepte enthalten an Stelle von Weizenmehl Kartoffeln oder Kartoffelmehl, Haferflocken, Nüsse oder Mohn. Diese Rezepte sind daher für Menschen mit Glutenunverträglichkeit von vorneherein besonders gut geeignet. Wenn in den Rezepten »Mehl« angegeben ist, kann es in der Regel durch glutenfreie Mehle ersetzt werden. Dabei muss beachtet werden, dass einer glutenfreien Mehlmischung ein Bindemittel zugegeben werden muss. Generell gilt: Das optimale Verhältnis für eine Mehlersatzmischung besteht aus ein bis zwei Teilen glutenfreiem Mehl und einem Teil glutenfreiem Stärkemehl sowie einem Bindemittel. Am einfachsten ist es, eine fertige glutenfreie Mehlmischung zu kaufen. Man kann aber auch alle im Folgenden aufgeführten Mehlarten beliebig kombinieren. Dinkelmehl ist zwar glutenarm, aber nicht glutenfrei und hat andere Backeigenschaften. Es klebt nicht so gut und führt deshalb nicht immer zum gleichen Backergebnis, wie bei der Verwendung von Weizenmehl.

1. Glutenfreie Mehle:

Amaranthmehl	Schmeckt leicht nussig. Man braucht etwas mehr Wasser oder Öl, damit der Teig nicht zu trocken wird. Für herzhaftes Gebäck.
Buchweizenmehl	Schmeckt nussig, ist recht dunkel und sehr proteinreich und eignet sich gut für Brot oder Herzhaftes.
Hirsemehl	Süßlich und mild. Es eignet sich gut für Rührkuchen.
Quinoamehl	Schmeckt nussig, leicht bitter und ist sehr proteinreich. Gut für Brot oder herzhaftes Gebäck.
Mandelmehl	Schmeckt nussig und kann auch als Semmelbrösel-Ersatz verwendet werden.
Sojamehl	Schmeckt leicht nussig und ist gut für Kuchen, Pfannkuchen oder Brote geeignet.
Sorghummehl (Sorghum ist eine Hirseart)	Schmeckt mild, leicht süß und nussig und ist reich an Proteinen und Ballaststoffen. Es lässt sich für fast alle Arten Gebäck verwenden.
Teffmehl (wird aus der Zwerghirse gewonnen)	Schmeckt leicht süßlich und nussig und ist reich an Eisen und Mineralstoffen. Gut zum Backen von Kuchen und Plätzchen oder auch für selbstgemachte Nudeln.

2. Stärkemehle:

Kartoffelmehl	Kartoffelmehl ist auch ein hervorragendes Verdickungsmittel und kann außer für Kuchen bei der Zubereitung von Saucen oder Suppen verwendet werden.
Maisstärke	Maisstärke schmeckt mild und ist somit vielfältig einsetzbar.
Reismehl	Es schmeckt sehr mild und ist für süße und herzhafte Backwaren, Kuchen oder Kekse geeignet.

3. Bindemittel:

Agar-Agar (aus Meeralgen, daher Gelatineersatz für Veganer)	Es muss nicht vorher quellen, sondern kann trocken unter das Mehl gerührt werden. Unbedingt genau nach Rezept abmessen, z. B. 1 TL zu 500 ml Flüssigkeit.
Gelatine	1½–2 TL. Gut geeignet für Rührkuchen, aber nicht für Hefeteig.
Johannisbrotkernmehl oder Guarkernmehl	Ca. ½–1 ganzer TL auf eine Tasse der Mehlmischung (je nach Gebäck). Beide Mehle quellen sehr gut.
Leinsamen oder Chia-Samen	Die Mischung sollte 1 EL der gemahlenen Samen und 3 EL heißes Wasser enthalten, sodass ein dickes Gel entstehen kann, das zum Verdicken und Binden von Teig dient. Außerdem sollte die Backzeit um 5% erhöht werden.
Tapiokamehl (wird aus der Maniok-wurzel gewonnen)	1 EL mit etwas Wasser vermischt unter den Teig geben. Fast ohne Geschmack, daher vielseitig verwendbar. Es sorgt dafür, dass das Gebäck leicht und luftig wird.
Xanthan Gum	½–1 TL. Es wird besonders häufig beim glutenfreien Backen verwendet, da es Flüssigkeit gut bindet.

Grieß lässt sich gut durch Maisgrieß (Polenta) ersetzten. Es gibt verschiedene Backpulverarten und nicht jedes Backpulver ist glutenfrei. Viele enthalten auch ungesunde Zusätze (phosphathaltige Säuerungsmittel und Aluminium). Um die gesundheitlichen Vorteile vom Backpulver zu nutzen, sollte das reine Natron verwendet werden, und es wird auch Weinsteinbackpulver empfohlen.

Anmerkungen für Veganer und bei Laktoseunverträglichkeit

Es werden in verschiedenen Rezepten Eier, Milch, Quark, Sahne, Honig, Butter und Brühwürfel verwendet. Da die vegane Ernährung auf jegliche tierische Produkte verzichtet, sind hier Möglichkeiten aufgelistet, diese in den Rezepten durch entsprechende Produkte zu ersetzen. Die Mengenangaben und die Zubereitung bleiben dabei gleich. Für viele Veganer sind diese Ergänzungen nichts Neues, aber sicherlich hilfreich für alle, die gerade erst die Ernährung umgestellt haben oder für Veganer etwas backen möchten.

Eier

Im Rezeptheft wurde es nicht namentlich erwähnt (nur als »Eiersatz« bei den Kartoffeleckeln, S. 90), aber in den letzten Jahren des Zweiten Weltkriegs war »Milei« ein gebräuchliches Nahrungsersatzprodukt in Pulverform. Eier lassen sich auch heutzutage sehr gut durch Eipulver ersetzen, das z. B. in Naturkostläden erhältlich ist. Eischnee lässt sich herstellen, indem man das angerührte Eipulver schaumig rührt oder man nimmt steif geschlagene Sojasahne. Es gibt aber noch andere Möglichkeiten, ein Ei zu ersetzen:

- in vielen Fällen funktioniert, einen Löffel Milch zuzugeben;
- durch eine halbe zerdrückte, reife Banane als Bindemittel für Kuchen;
- durch 50 g Apfelmus;
- durch 1 EL gemahlene Leinsamen plus 3 EL Wasser, etwas stehen lassen (für Kuchen geeignet);
- durch eine Mischung aus 1 TL Backpulver, 1 EL Speisestärke und 3 EL Mineralwasser;
- durch 50 g Sojajoghurt oder Seidentofu;
- durch die Flüssigkeit von Kidney-Bohnen aus Dosen;
- durch Sojamehl (es enthält wie Eier Lecithin).

Weitere Zutaten und ihre Ersatzmöglichkeiten

- ***Milch***: Der einfachste Ersatz ist Wasser, aber geschmacklich kann man Milch in allen Rezepten besser durch Soja-, Hafer-, Mandel-, Haselnuss-, Reismilch usw. ersetzen.
- ***Sahne***: Als Ersatz für Sahne eignen sich Mandelmus mit Wasser angerührt oder Soja- oder Hafersahne. Die drei schon unter »Fett reduzieren« erwähnten Rezepte für fettarmen Sahneersatz lassen sich auch mit Milchersatz vegan zubereiten. Sie stehen im Rezeptteil unter: falscher Schlag (S. 66), falscher Schlag als Überguss (S. 67) und falscher Schlag mit Kakao und Sahne (S. 67).
- ***Quark***: Anstelle von Quark bietet sich pürierter Tofu mit Pflanzensahne oder Seidentofu an.
- ***Butter***: Butter ist in allen Rezepten durch pflanzliche Margarine zu ersetzen.
- ***Honig***: Honig ist durch ein entsprechendes Ersatzprodukt oder Zuckerrübensirup zu ersetzen.
- ***Brühwürfel oder Soßenpulver*** (z. B. Brotaufstrich, S. 89): Hier muss darauf geachtet werden, ein rein pflanzliches Produkt zu verwenden.

Backrezepte

Kekse für das ganze Jahr

Hausfreund

Ergibt etwa 20 Stück. Süß und lecker, ganz ohne Zuckerzusatz. Ein Rezept für das hier verwendete Orangeat findet sich auf S. 113.

> 14 dkg Nüsse, 2 ganze Eier abtreiben, 5 dkg Aranzini, 5 dkg Haselnüsse, 5 dkg Rosinen, 20 dkg Mehl, wenn große Eier mehr Mehl, zwei Striezel formen u. mit Eigelb bestreichen, wenn es noch warm ist in Streifen schneiden.

Zutaten: 140 g Nüsse (z. B. Walnüsse), 2 Eier, 50 g Orangeat, 50 g Haselnüsse, 50 g Rosinen, 200 g Mehl, 1 Eigelb zum Bestreichen.

Zubereitung: Nüsse hacken, mit Orangeat, Rosinen, Mehl und Eiern einen gut formbaren Teig kneten. Bei großen Eiern mehr Mehl, bei kleinen Eiern ein Ei mehr dazugeben. Daraus zwei längliche Striezel formen. Auf ein gefettetes oder mit Backpapier ausgelegtes Blech legen und mit Eigelb bestreichen. Im vorgeheizten Backofen bei 150°C etwa 20 Minuten backen und noch warm in Streifen schneiden.

Haferflockenbusserl

Ergibt etwa 25 Stück. Zergehen auf der Zunge.

> 30 dkg Haferflocken, 5 dkg Mehl, 10 dkg Butter, 18 dkg Zucker, 2 Eier, 1 Teelöffel Backpulver, 1 P. Vanillezucker. Die Flocken werden mit der Hälfte der Butter u. etwas Zucker unter ständigem rühren am Feuer leicht angeröstet, den Rest der Butter u. Eier sowie Zucker schaumig rühren, das Mehl mit Backpulver dazu mengen. Aus der Masse Busserln machen u. dunkelbraun backen.

Zutaten: 300 g Haferflocken, 50 g Mehl, 100 g Butter, 180 g Zucker, 2 Eier, 1 TL Backpulver, 1 Päckchen Vanillezucker.

Zubereitung: Die Haferflocken mit der Hälfte der Butter und etwas Zucker unter ständigem Rühren leicht anrösten. Den Rest der Butter und die Eier sowie den Zucker schaumig rühren, die ausgekühlten, gerösteten Haferflocken zufügen. Dann das mit dem Backpulver vermischte Mehl unterheben. Aus der Masse auf ein mit Backpapier belegtes Backblech mit zwei Teelöffeln geformte kleine Häufchen setzen. Im vorgeheizten Backofen bei 170°C etwa 10 Minuten dunkelbraun backen.

Haferflockenplätzchen

Ergibt etwa 35 große Plätzchen. Unglaublich lecker und superleicht zu backen!

250 g Haferflocken, 200 g Zucker, 100 g Butter, 200 g Mehl, 2 Eier, 1 Backpulver, 1 Vanillezucker, etwas Zitronenschale u. Saft u. etwas Kakao.

Zutaten: 250 g Haferflocken, 200 g Zucker, 100 g Butter, 200 g Mehl, 2 Eier, 1 Päckchen Backpulver, 1 Päckchen Vanillezucker, Saft und Schale von 1 Zitrone, 1 EL Kakao.

Zubereitung: Alle Zutaten zu einem Teig verkneten. Auf bemehlter Fläche zu einer Wurst rollen und in etwa 1 cm dicke Scheiben schneiden. Die Scheiben auf ein mit Backpapier belegtes Blech legen und etwas flachdrücken. Im vorgeheizten Backofen bei 150°C etwa 15 Minuten backen.

Haferflocken-Makronen

Ergibt etwa 35 Stück sehr leckere Kekse.

15 dkg Haferflocken, 4 dkg Mehl, 5 dkg Butter, 9 dkg Zucker, 1 Ei, Packerl Vanillezucker, Messerspitze Haferflocken mahlen, mit halben Zucker vermischen in etwas Margarine geröstet kalt stellen, das andere schaumig abrühren, Mehl, Backpulver zuletzt dazu mengen.

Zutaten: 150 g Haferflocken, 40 g Mehl, 50 g Butter, 90 g Zucker, 1 Ei, 1 Päckchen Vanillezucker, 1 Päckchen Backpulver, 1 Messerspitze Haferflocken, 1 EL Margarine zum Anrösten.

Zubereitung: Die Butter mit der Hälfte des Zuckers und dem Vanillezucker schaumig rühren, das Ei zugeben. Dann die Haferflocken und das mit dem Backpulver vermischte Mehl hinzufügen. Eine Messerspitze Haferflocken mahlen oder klein mörsern und mit der anderen Hälfte des Zuckers vermischen. In etwas Margarine anrösten und kaltstellen. Abgekühlt dem Teig zugeben und verrühren. Kleine Kugeln formen und auf ein mit Backpapier belegtes Blech legen. Flach drücken und im vorgeheizten Backofen bei 150°C etwa 15 Minuten goldgelb backen.

Harter Zwieback (Abb. oben)

Ergibt etwa 30 Stück. Eine delikate Zwieback-Idee.

3 Dotter u. 1 Ei, 14 dkg Zucker abtreiben, geschnittene Nüsse, paar Rosinen u. Anis 21 dkg Mehl u. Zitronensaft verrühren. 2 Striezel rollen. Das Blech mit Fett bestreichen u. mit Mehl bestäuben. Jn gut erhitzter Röhre backen.

Zutaten: 3 Eigelb, 1 ganzes Ei, 140 g Zucker, 150 g gehackte Nüsse, 100 g Rosinen, 1 TL ganzer Anis, 210 g Mehl, 1 Spritzer Zitronensaft.

Zubereitung: Eigelb, Ei und Zucker schaumig rühren. Das Mehl unterrühren, Rosinen, Nüsse, den im Mörser zerkleinerten Anis und Zitronensaft zugeben. Aus dem Teig zwei Striezel rollen und auf ein mit Backpapier belegtes Backblech legen. Im vorgeheizten Backofen bei 150°C etwa 30 Minuten backen. Kurz auskühlen lassen und schräg in etwa 1 cm dicke Scheiben schneiden, die man im vorgeheizten Backofen bei 130°C etwa 40 Minuten wieder im Ofen backen und trocknen lässt. Dabei die Zwiebacke nach 20 Minuten umdrehen.

Zwieback

Ergibt etwa 20 Stück. Leckere Doppeldecker.

2 Dotter, 12 dkg Zucker abtreiben, etwas gestampften Anis, 12 dkg Mehl. Klar zu Schaum u. dazu Mehl aufs Brett, halben Teig heraus Stritzel machen (schnell) u. auf gewachstes Blech. In den Rest des Teiges 2 Eßlöffel Kakao, Rosinen u. geschnittene Nüsse. Auch aufs Blech, Stritzel formen, zuerst den braunen, dann den weißen aufs Blech, darunter u. rasch ins Rohr.

Zutaten: 2 Eier, 120 g Zucker, etwas gestampfter Anis, 120 g Mehl, je 2 EL Kakao, Rosinen und geschnittene Nüsse, z. B. Haselnüsse oder Walnüsse.

Zubereitung: Eigelb mit Zucker schaumig rühren, Mehl und Anis unterrühren. Das Eiweiß zu steifem Schaum schlagen und vorsichtig unterheben. Mehl auf eine Arbeitsfläche geben, aus dem halben Teig einen Striezel formen. In den Rest des Teigs Kakao, Rosinen und geschnittene Nüsse geben und ebenfalls einen Striezel formen. Auf ein mit Backpapier belegtes Blech legen: Unten den weißen und oben darauf den dunklen Striezel, etwas andrücken und sofort im vorgeheizten Backofen bei 150°C etwa 40 Minuten backen. Kurz auskühlen lassen und schräg in etwa 1cm dicke Scheiben schneiden, die man im vorgeheizten Backofen auf dem mit Backpapier belegten Blech bei 130°C etwa 40 Minuten wieder backen und trocknen lässt. Dabei die Zwiebacke nach 20 Minuten umdrehen.

Kleingebäck

Kucherl

Ergibt etwa 14 Kaffeestückchen. Fast ohne Fett und Zucker und trotzdem sehr gut!

8 dkg Butter, 8 gekochte, geriebene Kartoffeln, 1 kg Mehl, 2 dkg Hefe, ⅛ l Milch, 4 Eßlöffel Zucker, etwas Zitrone, 1 Ei und Salz am Brett verarbeiten, auswalzen, mit gerösteten Bröseln, geriebenen Äpfeln, Zucker und Zimt bestreuen, fest zusammenrollen, Scheiben schneiden, diese in Bröseln hüllen aus backen. Zum Ausbacken mit Butter bestreichen und gezuckert anrichten.

Zutaten: Teig: 80 g Butter, 8 frisch gekochte, geriebene Kartoffeln, 1 kg Mehl, 1 Würfel frische Hefe (mit der doppelten der im Original angegebenen Menge wird der Teig lockerer), 1/8 l Milch, 4 EL Zucker, etwas Zitronensaft, 1 Ei, Salz. Für die Füllung 100 g Semmelbrösel, 1 kg Äpfel, Butter sowie Zucker und Zimt nach Geschmack.

Zubereitung: In das Mehl eine Kuhle drücken. In diese Kuhle mit der lauwarmen Milch, einem EL des Zuckers und der reingebröckelten Hefe einen Vorteig machen und 10 Minuten stehen lassen, bis er Blasen schlägt. Dann mit Kartoffeln, Butter, Zitronensaft, Ei und Salz zu einem festen Teig kneten. Den Teig 1 Stunde lang an einem warmen Ort stehen lassen, bis er sich stark vergrößert hat.

Die Semmelbrösel in einer Pfanne leicht anrösten, die Äpfel schälen und grob reiben. Den Teig etwa 1 cm dick ausrollen und erst mit der Hälfte der gerösteten Semmelbrösel und dann mit den geriebenen Äpfeln, Zucker und Zimt bestreuen. Sehr fest zusammenrollen und in etwa 2 cm dicke Scheiben schneiden. Diese mit Butter bestreichen, mit der zweiten Hälfte der Semmelbrösel bestreuen, etwa 15 Minuten im auf 50°C vorgeheizten Ofen gehen lassen, dann im vorgeheizten Backofen bei 180°C etwa 25 Minuten lang backen. Nach Wunsch nach dem Backen mit Butter bestreichen und gezuckert anrichten.

Kartoffelkuchen

Ergibt etwa 12 Stück. Der lockerste Hefeteig überhaupt. Genial!

> 50 g Fett oder Butter, 50 g Zucker, 1 Ei, alles gut abtreiben, 30 dkg Hefe darunter bröseln, 300 g Weizenmehl, 300 g gekochte, warme Kartoffeln durch die Fleischmühle, ein bisschen Salz alles gut untereinander wirken, dann aufgehen lassen. Dann auf gebuttertes Blech kleine Kuchen, in der Mitte ein Loch und in dieses Marmelade und sofort backen.

Zutaten: 50 g Fett oder Butter, 50 g Zucker, 1 Ei, 30 g Hefe, 300 g Weizenmehl, 300 g Kartoffeln, 1 Prise Salz, etwas Marmelade zum Füllen.

Zubereitung: Kartoffeln frisch kochen. Butter mit Zucker schaumig rühren, Ei zugeben und die Hefe darunterbröseln, das Mehl, die gekochten, noch warmen, durch einen Fleischwolf gedrehten oder gestampften Kartoffeln und ein bisschen Salz unterkneten. Den Teig 1–2 Stunden lang an einem warmen Ort aufgehen lassen, bis er sich verdoppelt hat. Der Teig ist sehr klebrig, deshalb mit stark bemehlten Händen kleine Kuchen formen und auf ein mit Backpapier belegtes Backblech legen, in die Mitte ein Loch drücken, Marmelade einfüllen und sofort im vorgeheizten Backofen bei 170°C etwa 15 Minuten backen.

Schokoladenbrot

Ergibt etwa 30 Stück. Hauchzarte, sehr leckere Kekse.

12 dkg Butter, 15 dkg Zucker, 3 Kaffeelöffel Kakao, 5 dkg Nüsse, 4 Dotter, 6 dkg Mehl, etwas Backpulver, 4 Eiklar Schaum.

Zutaten: 120 g Butter, 150 g Zucker, 3 TL Kakao, 50 g Nüsse, 4 Eier, 60 g Mehl, etwas Backpulver.

Zubereitung: Die Nüsse hacken. Butter und Zucker schaumig rühren, nach und nach das Eigelb zugeben (jedes Eigelb etwa 1 Minute einrühren). Dann das mit dem Backpulver gemischte und gesiebte Mehl, Kakao und Nüsse zugeben. Am Schluss das zu steifem Schaum geschlagene Eiweiß vorsichtig mit einer Gabel unterheben und den Teig etwa 1 cm dick auf ein kleines, gefettetes Backblech streichen. Im vorgeheizten Backofen bei 150°C etwa 15 Minuten backen.

Faschingskrapfen

Ergibt etwa zehn Stück. Leicht zu machen und so lecker. Braucht aber wegen des Hefeteigs etwas Zeit.

½ kg glattes Mehl. Etwas Salz, Zitronenschale, Vanillin, 2 Eßlöffel Zucker, ¼ l warme Milch, 2 dkg Hefe, 3 ganze Eier, 1 bisserl Butter. 1 Stangerl Rum gut absprudeln, ins Mehl schütten, Teig gut abtreiben, zudecken u. auf einen warmen Ort stellen, bis der Teig aufgeht. Mehl auf den Tisch, mit Löffel Putzerln heraus, breit drücken, etwas Marmelade. 2. Teig darüber mit Glas ausstechen, auf mit Mehl bestäubtes Brett legen, wieder zudecken aufs warm, aufgehen lassen u. dann nacheinander in Fett backen.

Zutaten: 500 g Mehl, 1 Prise Salz, geriebene Schale von 1 Zitrone, 1 Päckchen Vanillezucker, 2 EL Zucker, ¼ l warme Milch, 20 g Hefe, 3 Eier, etwas Butter, ½ Fläschchen Rumaroma. Marmelade zum Füllen und Puderzucker zum Bestäuben. Sonnenblumenöl oder Fett zum Frittieren.

Zubereitung: Das Mehl in eine Schüssel geben. Die Milch leicht anwärmen und den Zucker hinzufügen. In das Mehl eine Mulde drücken und die Milch hineingeben. Die Hefe dazubröseln und leicht verrühren. Diesen Vorteig an einem warmen, windgeschützten Ort etwa 10 Minuten gehen lassen, bis er Blasen schlägt. Dann Salz, Zitronenschale, Vanillezucker, Eier, Butter und Rumaroma zugeben und gut kneten. Zudecken und ca. 1 Stunde an einen warmen Ort stellen, bis sich der Teig etwa verdoppelt hat. Mehl auf den Tisch geben, zehn Kugeln abtrennen, halbieren und breitdrücken, etwas Marmelade in die Mitte der unteren Hälfte geben. Dann die zweite Teighälfte darüberlegen. Mit einem in Mehl getunktes Glas ausstechen. Durch das Ausstechen werden die beiden Hälften über der Marmelade zusammengedrückt. Die Krapfen auf ein mit Mehl bestäubtes Brett legen, wieder zudecken und im Warmen aufgehen lassen. Dann nacheinander in Fett ausbacken. Ich habe Sonnenblumenöl gewählt und einen Topf mit 1 l Öl verwendet. Etwa 200 ml Öl haben die Krapfen davon aufgesogen.

Kuchen

Die Gugelhupfrezepte sind alle für Gugelhupf-Formen in handelsüblicher Größe bemessen, die Kuchen in Kastenformen für kleine Kastenformen (siehe Einleitung, S. 28).

Gugelhupf

Lecker und saftig!

30 dkg gekochte Kartoffeln, 30 dkg Gries, 15 dkg Zucker, 10 dkg Margarine, 2 Dotter, 1/8 l Milch, 2 Klarschaum, 1 Backpulver u. Zitronenschale.

Zutaten: 300 g am Vortag gekochte Kartoffeln, 300 g Grieß, 150 g Zucker, 100 g Margarine, 2 Eier, 1/8 l Milch, 1 Päckchen Backpulver, Zitronenschale.

Zubereitung: Die Kartoffeln stampfen. Margarine mit Zucker schaumig rühren, nach und nach die Eigelbe zugeben. Grieß, Zitronenschale, Milch, Backpulver und die gestampften Kartoffeln zufügen. Zum Schluss das zu steifem Schnee geschlagene Eiweiß vorsichtig mit einer Gabel unterheben. Den Teig in eine gefettete und mit Semmelbröseln ausgestreute Form füllen. Im vorgeheizten Backofen bei 170°C etwa 60 Minuten backen (Stäbchenprobe machen).

Kartoffel-Gugelhupf

Einfach zu machen, saftig und locker!

35 dkg Kartoffel, 25 dkg Mehl, 6 dkg Butter, 1 Ei, bisschen Salz, 15 dkg Zucker, 1 Backpulver.

Zutaten: 350 g Kartoffeln, 250 g Mehl, 60 g Butter, 1 Ei, 1 Prise Salz, 150 g Zucker, 1 Päckchen Backpulver.

Zubereitung: Die gekochten Kartoffeln stampfen. Butter und Zucker schaumig rühren, nach und nach das Ei zugeben. Das mit dem Backpulver gemischte Mehl und die gestampften Kartoffeln und Salz zufügen. Den Teig in gefettete und mit Semmelbröseln ausgestreute Form füllen. Im vorgeheizten Backofen bei 180°C auf der mittleren Schiene etwa 45 Minuten backen (Stäbchenprobe machen).

Einfacher Buttermilchkuchen

Supersaftig und: Leichter geht's nicht!

1 Tasse Buttermilch, ½ Tasse Kartoffelmehl, ½ Tasse Haferflocken (gereinigt), 1 Tasse Mehl, ½ Tasse Zucker, 3 dkg Butter, 1 Backpulver, 1 Prise Salz, Vanillezucker oder anderes Kuchengewürz, alle Zutaten gut miteinander mischen, 30–45 Minuten bei Mittelhitze backen.

Zutaten: 1 Tasse Buttermilch, ½ Tasse Kartoffelmehl, ½ Tasse Haferflocken, 1 Tasse Mehl, ½ Tasse Zucker, 30 g Butter, 1 Päckchen Backpulver, 1 Prise Salz, 1 Päckchen Vanillezucker.

Zubereitung: Butter und Zucker schaumig rühren, dann alle anderen Zutaten zufügen und alles gut verrühren. In eine kleine, gefettete mit Semmelbrösel ausgestreute Form füllen. Im vorgeheizten Backofen bei 150°C etwa 1¼ Stunden backen (Stäbchenprobe machen).

Möhrenkuchen in einer Kastenform

Eine köstliche Möglichkeit, Gemüse zu essen!

1 Ei, 6 EL Butter, 125 g Zucker, 1 Rum-Aroma, ½ Zitronen-Aroma, etwas Salz, 180 g Weizenmehl, 1 Paket Dr. Oetker Soßenpulver Vanillin-Geschmack, 9 g = 3 große Teelöffel Backpulver, 75 g geriebene Nüsse oder Semmel, 175 g geriebene rohe Möhren. Man schlägt Eigelb u. Butter mit einem Schneebesen zu starkem Schaum u. gibt nach u. nach ¾ des Zuckers dazu, schlägt weiter zu einer dicken, kremartigen Masse. Darunter mischt man die Gewürze. Unter das zu sehr steifen Schnee geschlagenen Eiweiß schlägt man nach u. nach den Rest des Zuckers. Der Schaum wird auf den Eigelbkrem gegeben, darüber wird das mit Soßenpulver u. Backpulver gemischte Mehl gesiebt. Nusskrem u. Möhren werden auf das Mehl gegeben. Man gießt alles vorsichtig (nicht rühren) unter die Eigelb-Krem u. füllt den Teig in eine gefettete, mit Papierfutter ausgelegte Kastenform (35 Minuten).

Zutaten: 1 Ei, 6 EL Butter, 125 g Zucker, ½ Fläschchen Rumaroma, ½ Fläschchen Zitronenaroma, 1 Prise Salz, 180 g Weizenmehl, 1 Päckchen Soßenpulver Vanillegeschmack, 9 g = 3 große TL Backpulver, 75 g geriebene Nüsse oder Semmelbrösel, 175 g geriebene rohe Möhren.

Zubereitung: Die Möhren fein reiben. Die Butter und drei Viertel des Zuckers mit einem Schneebesen schaumig rühren und das Eigelb zugeben. Darunter die Gewürze mischen. Unter das zu steifem Schnee geschlagene Eiweiß nach und nach den Rest des Zuckers geben. Den Eischnee auf die Eigelbcreme geben, darunter das mit Soßenpulver und Backpulver gemischte Mehl sieben. Nüsse oder Semmelbrösel und Möhren zugeben. Vorsichtig mit einer Gabel (nicht rühren) unter die Eigelbcreme heben und den Teig in eine gefettete, mit Semmelbröseln ausgestreute Kastenform füllen. Im vorgeheizten Backofen bei 170°C circa 1 Stunde backen (Stäbchenprobe machen).

Biskuitroulade

Dies ist eine leckere Rezeptidee mit wenig Eiern.

4 Eier, 7 dkg Zucker, 6½ dkg Mehl, Zitronenschale, Marmelade, Dotter, Zucker, Mehl, Zitronenschale, vermischt man in ½ Stunde, zum Schluss den festen Schnee dazu, gibt die Masse auf ein gut geschmiertes Blech, bäckt es langsam, noch warm mit Marmelade bestreichen, heiß einrollen u. kalt schneiden.

Zutaten: 4 Eier, 3 EL warmes Wasser, 70 g Zucker, 65 g Mehl, etwas geriebene Zitronenschale, Marmelade zum Füllen.

Zubereitung: Das Eigelb mit dem Wasser schaumig rühren, dann Zucker hinzugeben und weiter sehr schaumig rühren. Dann die geriebene Zitronenschale und zum Schluss das gesiebte Mehl unterrühren. Zuletzt den festen Eischnee vorsichtig mit einer Gabel unterheben. Gleichmäßig auf ein mit Backpapier belegtes Blech streichen und im vorgeheizten Backofen bei 250°C etwa 5 Minuten leicht braun backen. Direkt auf ein mit Zucker bestreutes Küchenhandtuch stürzen und sofort aufrollen. Nach dem Erkalten wieder flach rollen, mit der Marmelade bestreichen und wieder aufrollen. Nach Belieben mit Puderzucker bestreuen.

Mohngebäck

Ohne Ei und Fett, lecker!

12 dkg gemahlener Mohn, 12 dkg Gries dazu, 12 dkg Mehl, 10 dkg Zucker, ¼ l Milch, ½ Backpulver, in Rehrücken od. Zwiebackform backen. Vanillegeschmack od. Zitronengeschmack od. Zitronen (Zitronenwasser übergießen).

Zutaten: 120 g gemahlener Mohn, 120 g Grieß, 120 g Mehl, 10 g Zucker, ¼ l Milch, ½ Päckchen Backpulver, ½ Fläschchen Vanillinaroma, ½ Fläschchen Zitronenaroma oder Zitronensaft.

Zubereitung: Zucker, Grieß, Mohn und das mit dem Backpulver gemischte Mehl trocken mischen. Milch, Backaroma und Zitronensaft unterrühren, bis der Teig schwer (reißend) vom Löffel fällt. In eine gefettete und mit Semmelbröseln ausgestreute Rehrücken- oder Zwiebackform füllen und im vorgeheizten Backofen bei 170°C etwa 40 Minuten backen (Stäbchenprobe machen). Noch warm mit Zitronenwasser übergießen (hierzu etwas Wasser mit Zitronensaft oder -aroma mischen).

Strudel

Für Strudel eignet sich Weizenmehl Typ 405 am besten. Mit Vollkornmehl wird der Teig leicht brüchig und kann dann nicht dünn genug ausgerollt werden.

Mohnstrudel (Abb. unten links) und Nussstrudel (Abb. unten rechts)

Ein idealer Strudelteig. In der Mohnfülle lässt sich der Zucker sehr gut durch Fruchtzucker ersetzen.

Fülle: ½ kg gemahlener Mohn, ½ l Milch, 10 dkg Butter, 20 dkg gestoßener Zucker, etwas Rosinen, Vanillin, gestoßenen Lebzelt u. Zimmt werden dicklich eingekocht.
Nussfülle: ¼ kg Haselnüsse gerieben, ¼ l Milch mit 1 Ei abgestrudelt, 5 dkg Butter, 20 dkg Zucker etwas Vanillin u. Zimmt aufkochen.
Teig: ½ kg glattes Mehl, ⅛ l Milch mit 3 abgestrudelten Eiern. Ins Mehl kommt Salz, Zitronenschale, Zucker (4–5 Löffel), Vanillin u. 10 ½ dkg Butter oder Margarine. 1 Backpulver, Teig gut abtreiben (wenn zu dünn, Mehl dazu, wenn zu dick, Milch dazu). Teig zum auswalzen deck Tuch auf den Tisch, gut mit Mehl bestreuen Teig darauf u. walzen. 1 fingerlang füllen, bestreichen, dann nimmt man das Tuch auf einer Seite u. rollt den Teig ein. Dann auf gestrichenes Blech.

Zutaten Mohnfülle: 500 g gemahlener Mohn, ½ l Milch, 100 g Butter, 200 g Zucker, eine Handvoll Rosinen, ein Päckchen Vanillezucker, geriebener Lebkuchen und Zimt.

Zubereitung: Mohn, Milch, Butter, Zucker, Rosinen, Vanillezucker, geriebenen Lebkuchen und Zimt in einem Topf ca. 5 Minuten einkochen, bis eine cremige Füllung entstanden ist.

Zutaten Nussfülle: 250 g geriebene Haselnüsse, ¼ l Milch, 1 Ei, 50 g Butter, 200 g Zucker, ein Päckchen Vanillezucker und Zimt.

Zubereitung Nussfülle: Haselnüsse, Milch und Ei in einem Kochtopf verrühren, Butter, Zucker, Vanillezucker und Zimt dazugeben, einmal aufkochen.

Zutaten Strudelteig: ⅛ l Milch, 3 Eier, 1 Prise Salz, etwas abgeriebene Zitronenschale, 4–5 EL Zucker, 1 Päckchen Vanillezucker, 110 g Butter oder Margarine, 500 g Mehl, 1 Päckchen Backpulver.

Zubereitung Strudelteig: Die Eier schaumig rühren. Das Mehl mit dem Backpulver darübersieben. Dann Milch, Salz, Zitronenschale, Zucker, Vanillezucker und Butter oder Margarine zugeben. Den Teig gut kneten (ist er zu dünn, Mehl hinzufügen, ist er zu dick, Milch dazugeben). Ein Küchenhandtuch auf den Tisch legen, gut mit Mehl bestreuen, den Teig darauf ganz dünn ausrollen, bis man eine Zeitung darunter lesen könnte. Die Füllung in der Breite eines Fingers auf den Teig streichen. Den restlichen Teig mit zerlassener Butter oder Öl dünn bestreichen. Dann den Strudel von der belegten Seite her mit dem Tuch einrollen, auf ein mit Backpapier belegtes Blech legen und mit etwas zerlassener Butter oder Öl bestreichen. Im vorgeheizten Backofen bei 200°C etwa 40 Minuten backen.

Grammelstrudel (Abb. rechte Seite)

Der Grammelstrudel ist eine Spezialität – »Grammeln« ist der bayerische und österreichische Ausdruck für »Grieben«. Der Grammelstrudel schmeckt nicht nach Fleisch, sondern einfach nur köstlich saftig, braucht aber etwas Zeit.

150 g Grammeln durch eine Fleischmühle, 100 g Zucker, 1 Ei, etwas Ruhm oder Zitronengeschmack, Mehl als es annimmt. Gut wirken, dann auf Brett ausrollen (ca. 5 z. dünn) dann kommen dünn geschnittene Äpfel, Zimt, Zucker u. Paniermehl darauf. Dann den Teig ausrollen, auf Blech (gefettet) und backen.

Zutaten: 150 g Grammeln (Grieben), 100 g Zucker, 1 Ei, etwas Rum- oder Zitronenaroma, etwa 350 g Mehl, 500 g Äpfel, Zimt, 100 g Zucker, 100 g Paniermehl zum Belegen.

Grammeln (Grieben)

sind in Deutschland schwer erhältlich. So lassen sie sich leicht selbst herstellen:

Zutaten: 1½ kg Speck (500 g Speck ergeben etwa 50 g Grammeln), 50 ml Wasser, 50 ml Milch, Salz.

Zubereitung: Mit einem sehr scharfen Messer den Speck sorgfältig von der Schwarte schneiden. Es sollen keine Fleischreste mehr daran sein. Dann den Speck in kleine, gleichmäßig große Würfel schneiden. Den Boden eines großen, möglichst tiefen Topfes (da das Fett spritzt) mit den Speckwürfeln bedecken. Wasser und Milch zugeben und die Speckwürfel solange schwach kochen, bis das Wasser verdampft ist. Danach bei moderater Temperatur unter stetigem Rühren (es brennt leicht an!) die Speckwürfel etwa 20 Minuten auslassen, bis sie eine goldene Farbe annehmen. Die fertigen Grammeln mit einem Schöpfer aus dem nun klaren Schweineschmalz rausnehmen und durch ein Küchensieb über ein Behältnis hängend abtropfen lassen, das Fett dabei auffangen. Die Grammeln gut ausdrücken. Je weniger Fett sie haben, desto knuspriger sind sie. Das entstandene Schweineschmalz kann kühl und dunkel gelagert danach zum Kochen verwendet werden.

Zubereitung Grammelstrudel: Die Grammeln durch einen Fleischwolf drehen, mit Zucker, Ei, Rum- oder Zitronenaroma und Mehl gut verkneten. So viel Mehl nehmen, dass ein gut knetbarer Teig entsteht. Im Anschluss 1 Stunde ruhen lassen. Dann auf einem bemehlten Tuch etwa 5 mm dünn zu einem Viereck ausrollen.

Die Äpfel schälen und in Scheiben schneiden. Die Apfelscheiben auf einem Drittel des Teigs verteilen, mit Zucker, Zimt und Paniermehl bestreuen. Rand und freie Seite des Teigs mit verquirltem Ei bestreichen, dann mit Hilfe des Tuches von der belegten Seite her aufrollen. Zuletzt den Strudel mit verquirltem Ei bestreichen, auf ein mit Backpapier belegtes Blech legen und im Backofen bei 220°C etwa 15 Minuten backen.

Die folgenden Strudelrezepte haben im Original keine Angaben zu Füllungen. Im Anschluss an die Teigrezepte sind Füllungen zur Auswahl zusammengestellt:

Strudel ausgezogen

Gut zu verarbeitender Teig. Den Essig schmeckt man nicht heraus!

¼ kg glattes Mehl, ein nußgroßes Stück Butter, Fett o. Margarine, 2 Eßlöffel Essig, 1 ganzes Ei, bissl Salz, nach Bedarf warmes Wasser, alles zusammen einen Teig abschlagen, bis er sich vom Brett lößt ½ Stunde rasten lassen unter warmer Kasserolle, welche immer erwärmt wird.

Zutaten: 250 g Mehl, 30 g Butter, Fett oder Margarine, 2 EL weißer Essig, 1 Ei, 1 Prise Salz, nach Bedarf etwa ½ Tasse warmes Wasser.

Zubereitung: Das Mehl mit Butter, Fett oder Margarine, Essig, Ei, Salz und Wasser zu einem glatten Teig kneten und schlagen. Den Teig 30 Minuten im Warmen ruhen lassen. Dann auf einem bemehlten Küchenhandtuch so dünn ausrollen, dass man eine Zeitung darunter lesen könnte. Den Teig zu einem Drittel mit einer Füllung nach Wahl belegen, Rand und freie Seite des Teigs mit zerlassener Butter oder Öl bestreichen und dann mit Hilfe des Küchenhandtuchs von der belegten Seite her aufrollen, dabei die Seiten einfalten. Den Strudel auf ein mit Backpapier belegtes Blech legen, mit etwas zerlassener Butter bestreichen und im vorgeheizten Backofen bei 200°C etwa 40 Minuten backen.

Strudel

Ein Strudel aus Hefeteig. Köstlich mit Apfelfüllung und direkt aus dem Ofen mit Vanillesauce.

8 Löffel Milch, alles kalt abends, 2 dkg Hefe, 10 dkg Butterschmalz, 1 Ei, 30 dkg Mehl.

Zutaten: 16 EL Milch (die früher gebräuchlichen Esslöffel waren größer als heute), 20 g Hefe, 1 TL Zucker (damit die Hefe besser aufgeht), 10 g Butterschmalz, 1 Ei, 300 g Mehl, 1 Prise Salz, 3 EL Butter zum Bestreichen.

Zubereitung: In das Mehl in einer Schüssel eine Kuhle drücken. Die Hefe in der lauwarmen, gezuckerten Milch auflösen, in die Kuhle geben und mit etwas Mehl zu einem

Vorteig verrühren. Etwa 10 Minuten gehen lassen, bis er Blasen schlägt. Dann zerlassenes Butterschmalz, auf Handwärme ausgekühltes Ei und Mehl unterkneten und über Nacht gehen lassen. Am nächsten Tag auf einem bemehlten Küchentuch so dünn ausrollen, dass man eine Zeitung darunter lesen könnte. Den Teig zu einem Drittel mit einer Füllung nach Wahl belegen, Rand und freie Seite des Teigs mit zerlassener Butter oder Öl bestreichen und dann mit Hilfe des Küchenhandtuches von der belegten Seite her aufrollen, dabei die Seiten einfalten. Den Strudel auf ein mit Backpapier belegtes Blech legen, mit etwas zerlassener Butter bestreichen und im vorgeheizten Backofen bei 200°C etwa 40 Minuten backen.

Strudelfüllungen

Rhabarberfülle

Zutaten: 500 g Rhabarber. Zucker und Zimt zum Bestreuen.

Zubereitung: Den Rhabarber abziehen und in kleine Scheiben schneiden. Nach Geschmack zuckern und mit Zimt bestreuen.

Apfelfülle: siehe S. 50 (Abb. diese Seite oben)

Mohn- und Nussfülle: siehe S. 48, Abb. S. 47 (Nussfülle)

Obstkuchen

Mürber Strudel (Abb. S. 55, rechts)

Die Beschreibung entspricht der Zubereitung des gedeckten Apfelkuchens vom Blech, den meine Großeltern auch nach dem Krieg oft buken. Mein Lieblingskuchen! Das Rezept ist nur für Backerprobte, da die großen Teigplatten leicht reißen, aber es lohnt sich! Die Angaben gelten für ein kleines, die doppelte Menge reicht für ein großes Backblech.

6 dkg Butter, 6 dkg Zucker, 1 ganzes Ei abrühren dazu, 3 Eßlöffel Milch, ¼ kg glattes Mehl, ½–¾ Backpulver. Teig machen in 2 Teile teilen, auswalken, aufs Blech legen, den unteren Teil mit gedämpften Äpfeln oder Marmelade bestreichen, den 2. Teil darauf mit Ei bestrichen backen.

Zutaten: 60 g Butter, 60 g Zucker, 1 Ei, 3 EL Milch, 250 g Mehl, ½ Päckchen Backpulver. 1 Ei zum Bestreichen. Apfelfüllung oder 300 g Marmelade.

Zubereitung: Butter mit Zucker schaumig rühren, Ei zugeben. Dann das mit dem Backpulver gemischte Mehl abwechselnd mit der Milch hinzufügen und daraus einen glatten Teig kneten. Etwa 30 Minuten im Kühlschrank ruhen lassen. In 2 Teile teilen, auf bemehltem Tisch in der Größe des kleinen Backblechs ausrollen und vorsichtig auf das mit Backpapier belegte Blech legen. Es ist dabei hilfreich, den Teig über das Nudelholz aufzurollen. Den unteren Teil des Teigs mit der vorbereiteten Apfelfüllung bestreichen. Dann den zweiten Teil des Teigs ausrollen und vorsichtig auf die Füllung legen. Lücken und freie Stellen am Rand kann man mit Resten des Teigs ausfüllen. Dann den Kuchen mit verquirltem Ei bestreichen und im vorgeheizten Backofen bei 150°C etwa 45 Minuten backen, bis die Oberfläche goldgelb und ganz leicht angebräunt ist. Nach dem Auskühlen in Stücke schneiden.

Die Apfelfüllung für einen gedeckten Apfelkuchen machten meine Großeltern so:
Zutaten: 500 g Äpfel, 50 g Zucker, 50 g Rosinen, etwas Zitronensaft.

Zubereitung: Äpfel schälen und grob reiben und mit etwas Zitronensaft, Rosinen und Zucker 5–10 Minuten lang leicht andünsten. Dann auskühlen lassen.

Mürber Teig für Ribiselkuchen

Gelingt auch gut mit Dinkelvollkornmehl.

> 30 dkg Mehl, 10 dkg Kartoffelmehl, 5 dkg Butter, 8 dkg Zucker, ½ Tasse Milch, 1 Dotter, 1 Backpulver.

Zutaten: 300 g Mehl, 100 g Kartoffelmehl, 50 g Butter, 80 g Zucker, ½ Tasse Milch, 1 Eigelb, 1 Päckchen Backpulver, 500 g Johannisbeeren.

Zubereitung: Die Johannisbeeren waschen und abribbeln. Aus Mehl, Kartoffelmehl, Backpulver, Butter, Zucker, Milch und Eigelb einen glatten Teig kneten. Dünn ausrollen und eine gefettete, mit Semmelbröseln ausgestreute kleine Tortenbackform damit auslegen, dabei einen Rand formen. Die Johannisbeeren auf den Teig geben und im vorgeheizten Backofen bei 150°C etwa 45 Minuten backen.

Feiner Obstkuchen (fettlos)

Für Äpfel, Erdbeeren, Kirschen, Birnen, Aprikosen, Pfirsiche, Pflaumen, Mirabellen oder alle Arten Beeren.

> 200 g Mehl, 200 g Zucker, 2–3 Eier, ½ flüssiges Zitrone-Aroma, ½ Backpulver, 1 kg Obst. – Eier, Zucker u. Zitronen Aroma schaumig rühren, das mit dem Backpulver gemischte u. gesiebte Mehl darunter arbeiten. In gefettete Springform. Obst (Apfelstücke, Erdbeeren, Kirschen etc.) darauf. 1 Stunde.

Zutaten: 200 g Mehl, 200 g Zucker, 2–3 Eier, 5 Tropfen Zitronenaroma, ½ Päckchen Backpulver, 1 kg Obst der Saison.

Zubereitung: Die Eier mit dem Zucker und dem Zitronenaroma schaumig rühren, das mit dem Backpulver gemischte und gesiebte Mehl darunterrühren. Den Teig in eine gefettete und mit Semmelbröseln ausgestreute kleine Tortenbackform füllen. Das geschnittene Obst daraufgeben und leicht eindrücken. Bei 150°C etwa 1 Stunde backen.

Kriegs-Biskuit (Abb. oben links)

Lecker mit Sauerkirschen und Obsttortenglasur überzogen.

12 dkg Zucker mit 1 ganzen Ei, 5 dkg Butter schaumig abtreiben und nach und nach 30 dkg Mehl, 1 Vanille Pudding, 1 Backpulver, 1 Vanillezucker u. ¼ l Milch gut vermischen und 1 Stunde backen.

Zutaten: 120 g Zucker, 1 Ei, 50 g Butter, 300 g Mehl, 1 Päckchen Vanillepuddingpulver, 1 Päckchen Backpulver, 1 Päckchen Vanillezucker, ¼ l Milch.

Zubereitung: Zucker und Butter schaumig rühren, das Ei dazugeben. Dann abwechselnd das mit Backpulver, Puddingpulver und Vanillezucker vermischte Mehl und die Milch zugeben und einen glatten Teig rühren. In eine gefettete und mit Semmelbröseln ausgestreute kleine Tortenbackform füllen und im vorgeheizten Backofen bei 150°C etwa 30 Minuten backen.

Torten

Die Mengenangaben für alle Torten gelten für kleine Tortenbackformen. Rezepte für Tortenfüllungen finden sich auf S. 65–67. Torten lassen sich am besten in drei Platten teilen, indem man den Rand der Torte in gleichmäßigem Abstand zweimal rundum einschneidet und dann einen starken Bindfaden durchzieht.

Kartoffeltorte

Eine sehr festlich aussehende Schoko-Schachbrett-Kartoffeltorte.

> 20 dkg gekochte geriebene Kartoffeln, 2 Dotter, 20 dkg Mehl, 80 dkg Butter, 10 dkg Zucker, 2 Eßlöffel Grieß, 2 Eßlöffel Kakao, etwas Backpulver, 1 Zitrone, Saft u. Schale zuletzt. 2 Schaum. Mit Marmelade füllen. Darüber entweder Überguß od. Schachbrettmuster. Man legt Würfelzucker in Schachbrettmuster und zuckert die freien Stellen. Dann die Würfelzucker wegnehmen u. die freien Stellen mit Marmelade färben.

Zutaten: 200 g am Vortag gekochte Kartoffeln, 2 Eier, 200 g Mehl, 80 g Butter, 100 g Zucker, 2 EL Grieß, 2 EL Kakao, ½ Päckchen Backpulver, Saft und Schale von einer ungespritzten Zitrone, etwa 300 g Marmelade zum Füllen. Glasur nach Wunsch oder Puderzucker, Würfelzucker und Marmelade zum Dekorieren.

Zubereitung: Die gekochten Kartoffeln stampfen. Butter und Zucker schaumig rühren, die Eigelb nach und nach unterrühren. Dann das mit Backpulver gemischte Mehl, den Grieß, Kakao und Zitronensaft und -schale zugeben und zu einem glatten Teig rühren. Zum Schluss vorsichtig das zu steifem Schnee geschlagene Eiweiß mit einer Gabel unterheben. In eine gefettete, mit Semmelbröseln ausgestreute kleine Tortenbackform füllen. Bei 150°C etwa 1 Stunde backen. Nach dem Erkalten in der Hälfte quer mit einem Bindfaden durchschneiden und mit Marmelade füllen. Die Torte entweder mit einer Glasur überziehen oder mit Schachbrettmuster dekorieren: Man legt Würfelzucker in Schachbrettmuster (immer Vierergrüppchen) und zuckert die freien Stellen mit Puderzucker durch ein Sieb. Dann die Würfelzucker wegnehmen und die freien Stellen mit einem Backpinsel mit Marmelade bestreichen.

Falsche Linzer Torte

Ausgezeichnete Torte, auch wenn es eine »falsche« ist.

½ kg gekochte, geriebene Kartoffel, 8 dkg Margarine, 1 Esslöffel Zucker, 1 Dotter, 20 dkg Mehl mit 1 Backpulver vermischt. Den Teig gut abtreiben, 2/3 in die Form geben, von dem Rest ein Gitter machen u. vor dem backen mit Marmelade füllen.

Zutaten: 500 g gekochte Kartoffeln, 80 g Margarine, 1 EL Zucker, 1 Eigelb, 200 g Mehl, 1 Päckchen Backpulver.

Zubereitung: Die gekochten Kartoffeln fein reiben. Aus den Zutaten einen Teig kneten, zwei Drittel des Teigs ausrollen und auf den Boden einer kleinen, gefetteten Tortenbackform geben, einen Rand formen und die Teigplatte mit Marmelade bestreichen. Den restlichen Teig ausrollen, in Streifen schneiden und aus diesen Streifen ein Gitter auf den belegten Kuchen legen und mit Milch bestreichen. Im vorgeheizten Backofen bei 170°C etwa 40 Minuten backen.

Linzertorte-Ersatz

Leicht herzustellen, saftig und lecker.

12 dkg tags vorher gekochte feingeriebene Kartoffel, 10 dkg Gries, 10 dkg Zucker, 10 dkg Mehl, 5 dkg Margarine, Vanille- od. Zitronengeschmack, in eine gut gefettete nicht zu große Form geben, einen kleinen Teil behalten mit Marmelade dick bestreichen, aus dem Teig Gitter machen.

Zutaten: 120 g am Vortag gekochte Kartoffeln, 100 g Grieß, 100 g Zucker, 100 g Mehl, 50 g Margarine, 1 Päckchen Vanillezucker oder 5 Tropfen Zitronenaroma. Rote Marmelade zum Bestreichen (Kirsche, Erdbeere oder Johannisbeere).

Zubereitung: Die am Vortag gekochten Kartoffeln fein reiben. Aus den Zutaten einen Teig kneten, zwei Drittel des Teigs ausrollen und auf den Boden einer kleineren gefetteten und mit Semmelbröseln ausgestreuten Tortenbackform geben. Einen Rand formen und die Teigplatte mit Marmelade bestreichen. Den restlichen Teig ausrollen, in Streifen schneiden und aus diesen Streifen ein Gitter auf den belegten Kuchen legen und mit Milch bestreichen. Im vorgeheizten Backofen bei 170°C etwa 40 Minuten backen.

Nusstorte

Eine einfache, aber schmackhafte Nusstorte.

15 dkg Zucker, 4 Dotter, 10 dkg Nüsse, etwas Zitronenschale, 4 Eßlöffel Semmelbröseln, 4 Klarschaum.

Zutaten: 150 g Zucker, 4 Eier, 100 g Nüsse (z. B. Haselnüsse), etwas abgeriebene Zitronenschale, 4 EL Semmelbrösel.

Zubereitung: Die Nüsse im Mixer fein mahlen. Zucker, Eigelb, gemahlene Nüsse, Zitronenschale und Semmelbrösel zu einem glatten Teig rühren. Das zu steifem Schnee geschlagene Eiweiß vorsichtig unterheben. In eine gut gefettete und mit Semmelbröseln ausgestreute kleine Tortenbackform füllen und im vorgeheizten Backofen bei 150°C etwa 45 Minuten backen.

Topfentorte

Ein sehr leckerer Käsekuchen!

8 dkg Butter, 1 Dotter, 4 dkg Zucker, 12 Mehl in Tortenform backen, füllen: 25 dkg Topfen, 1 Dotter, Zucker nach Geschmack etwas Zitronenschale. Schaum als Überguß: 2 Klarschnee, 12 dkg Zucker, 1 Kaffeelöffel Essig.

Zutaten: Teig: 80 g Butter, 1 Eigelb, 40 g Zucker, 120 g Mehl.
Füllung: 250 g Magerquark, 1 Eigelb, Zucker nach Geschmack, etwas geriebene Zitronenschale.
Baiserüberguss: 2 Eiweiß, 120 g Zucker, 1 TL Essig.

Zubereitung: Butter und Zucker schaumig rühren, das Eigelb nach und nach unterrühren. Dann das Mehl zugeben. Den Teig im Kühlschrank 30 Minuten ruhen lassen, ausrollen und eine kleine, gefettete, mit Semmelbröseln ausgestreute kleine Tortenbackform damit auslegen. Einen etwa 3 bis 5 cm hohen Rand formen. Für die Füllung den Quark mit Eigelb, Zucker und Zitronenschale verrühren. Die Füllung auf den Teig geben und im vorgeheizten Backofen bei 170°C etwa 40 Minuten backen. Für den Baiserüberguss unter die zu steifem Schnee geschlagenen Eiweiße 1 Prise Salz, Zucker und Essig unterheben. Die Form aus dem Ofen holen und den Überguss auf den Kuchen streichen. Die Torte mit dem Baiserüberguss noch etwa 10 Minuten lang im Ofen bräunen lassen.

Festtagstorte ohne Mehl

Es funktioniert: eine leckere Torte ganz ohne Mehl.

1½ Tassen Grieß in 1½ Tassen Magermilch quillen lassen (einige Stunden) fügt ein Eigelb hinzu, 1½ Tassen geriebene Kartoffeln vom Vortage. 1 Puddingpulver, etwas Aroma, 1½ Backpulver, etwas Fett, 1½ Tassen Zucker u. das geschlagene Eiweiß. Jn Springform bei guter Hitze ½–¾ Stunde backen.
Füllen: ¼ l Magermilch zum Kochen gebracht, 15 g mit Wasser angerührtes Mehl sowie 20 g Zucker dazu, alles noch einmal gut aufkochen, über Nacht erkalten lassen am folgenden Tag die Masse zu steifer Sahne u. in den geschnittenen Kuchen füllen. Besonders gut wird die Fülle, wenn man etwas Kakao u. noch Zucker in die Fülle gibt.

Zutaten: 1½ Tassen Grieß, 1½ Tassen Magermilch, 1 Eigelb, 1½ Tassen geriebene Kartoffeln vom Vortag, 1 Päckchen Puddingpulver, etwas Backaroma (z. B. Zitrone oder Rum), 1½ Päckchen Backpulver, etwas Fett, 1½ Tassen Zucker, 1 Eiweiß.

Zubereitung: Den Grieß in der Magermilch einige Stunden quellen lassen, dann das Eigelb unterrühren. Die geriebenen Kartoffeln, Puddingpulver, Backaroma, Backpulver, Fett und Zucker unterrühren. Zum Schluss vorsichtig das steif geschlagene Eiweiß mit einer Gabel unterheben. In eine gefettete und mit Semmelbröseln ausgestreute kleine Tortenbackform füllen und im vorgeheizten Backofen bei 170°C etwa 45 Minuten backen (Stäbchenprobe machen).

Zutaten Füllung: ¼ l Magermilch, 15 g Mehl, Wasser, 20 g Zucker, 20 g Kakao, 200 ml Sahne.

Zubereitung Füllung: Das Mehl mit etwas Wasser anrühren. Die Magermilch zum Kochen bringen, dann von der Kochstelle nehmen und das angerührte Mehl, Kakao und Zucker unter Rühren dazugeben. Alles noch einmal aufkochen und über Nacht erkalten lassen. Am folgenden Tag die Masse noch einmal etwa 20 Minuten glattrühren. Die Sahne steif schlagen und die ausgekühlte Masse vorsichtig unterrühren. Die zweimal waagerecht aufgeschnittene Torte damit füllen und gleichmäßig damit bestreichen.

Kakaotorte

Diese Torte eignet sich auch sehr gut als Schokoladenkuchen. Die Mengenangabe vor den Klammern ergibt Teig für eine große Backform, die Angaben in Klammern gelten für eine kleine Backform.

12 dkg Butter, 32 (21) dkg gut durchgesiebter Zucker, 3 (2) Dotter abtreiben, dazu 35 (22) dkg Mehl, mit 1 Päckchen Backpulver, 10 (3) Esslöffel Milch, 3 (2) Kakao, etwas Zitronenschale, 3 (2) Eiweiß Schaum in längliche Form geben, bei ziemlicher Hitze backen. Erkaltet mit Marmelade füllen u. in Streifen schneiden.

Zutaten: 120 g Butter, 320 g (210 g) Zucker, 3 (2) Eier, 350 g (220 g) Mehl, 1 Päckchen Backpulver, 20 (6) EL Milch, 3 (2) EL Kakao, etwas geriebene Zitronenschale. Etwas Marmelade zum Füllen.

Zubereitung: Butter und Zucker mit Eigelb schaumig rühren. Das mit Backpulver, Kakao und Zitronenschale vermischte Mehl abwechselnd mit der Milch unterrühren. Dann das zu steifem Schnee geschlagene Eiweiß vorsichtig mit einer Gabel unterheben. In eine aus gefettete und mit Semmelbröseln ausgestreute kleine Torten- oder Kastenform füllen und im vorgeheizten Backofen bei 180°C etwa 1 Stunde backen (Stäbchenprobe machen). Torte oder Kuchen sind sehr locker und weich. Daher erst gut ausgekühlt aufschneiden und mit Marmelade füllen und in Stücke oder Streifen schneiden.

Kakaotorte

Sehr gut für eine kleine Schwarzwälder Kirschtorte geeignet, die Spezialität meines Großvaters.

1 Dotter, 2 dkg Butter, 2 dkg Kakao, 12 dkg Zucker, 12 dkg Mehl, ½ Backpulver, ⅛ l. Milch, Schaum von Eiweiß, Vanillezucker, Butter, Zucker, Dotter mit etwas Milch abtreiben, dann Mehl und den Rest der Milch dazu, zuletzt den Schaum, die Form gut schmieren und aussteuben.

Zutaten: 1 Ei, 20 g Butter, 20 g Kakao, 120 g Zucker, 120 g Mehl, ½ Päckchen Backpulver, ⅛ l Milch, 1 Päckchen Vanillezucker.

Für eine Schwarzwälder Kirschtorte, wie sie mein Großvater in den 1970er Jahren immer machte, benötigt man noch zusätzlich: 400 ml Sahne, 1 großes Glas Schattenmorellen (Sauerkirschen), etwas Zucker nach Geschmack. Zum Dekorieren Mokkabohnen aus Schokolade und Schokoladenstreusel.

Zubereitung: Butter, Zucker und Vanillezucker schaumig rühren. Das Eigelb mit ein wenig der abgemessenen Milch zugeben und etwa 1 Minute rühren. Dann das mit Backpulver vermischte Mehl abwechselnd mit dem Rest der Milch unterrühren. Das zu steifem Schnee geschlagene Eiweiß unterheben. In eine gut gefettete und mit Semmelbröseln ausgestreute kleine Tortenbackform geben, im vorgeheizten Backofen bei 170°C etwa 45 Minuten backen (Stäbchenprobe machen).

Für die Schwarzwälder Kirschtorte den Teig mit einem Faden zweimal waagerecht durchschneiden. Die Sahne sehr steif schlagen, nach Geschmack süßen. Die Kirschen abseihen. Auf die untere und die mittlere Teigplatte jeweils ein Drittel der steif geschlagenen Sahne streichen. Jeweils die Hälfte der Kirschen daraufgeben und die nächste Teigplatte darüberlegen. Die ganze Torte mit der restlichen Sahne überziehen und nach Wunsch mit Sahne, Mokkabohnen und Schokoladenstreuseln garnieren.

Kleine, billige Torte

Kinderleichte, billige Schokotorte im Stile einer Sachertorte. Mit Himbeermarmelade gefüllt ein Genuss.

> 140 g Zucker, 3 Dotter, 160 g Mehl, Zitronenschale, 2 Tafeln Schokolade, 120–140 g Butter oder Margarine, vom Eiweiß Schaum schlagen, eine Messerspitze Backpulver.

Zutaten: 140 g Zucker, 3 Eier, 160 g Mehl, etwas abgeriebene Zitronenschale, 100 g Schokolade, 120–140 g Butter oder Margarine, eine Messerspitze Backpulver.

Zubereitung: Butter oder Margarine mit Zucker schaumig rühren, das Eigelb unterrühren. Das mit dem Backpulver gemischte Mehl, die Zitronenschale und die fein geriebene Schokolade unter den Teig rühren. Dann das zu steifem Schnee geschlagene Eiweiß unterheben. In eine gefettete und mit Semmelbröseln ausgestreute kleine Tortenbackform füllen und etwa 1 Stunde im vorgeheizten Backofen bei 150°C backen (Stäbchenprobe machen).

Rezept von Frau Hanzorá (Abb. rechte Seite)

Es ist eine ausgezeichnete, fettreduzierte »Wiener Schokoladentorte«.

> 14 dkg Zucker mit 6 Dotter ½ Stunde abtreiben. Dann 14 dkg mit der Schale geriebene Mandel, 1 breite Rippe Schokolade reiben, dazu geben, dann 4 dkg Semmelbrösel mit Wein befeuchten und zuletzt den Schaum hinzu und langsam backen.
> Glasur dazu: 12 dkg Zucker mit ¼ l Wasser auf Herd kochen, dann die zerweichte Schokolade 8 dkg löffelweise dazu geben, gut verrühren und am Schluß 1 dkg Butter dazu.

Zutaten: Teig: 140 g Zucker, 6 Eier, 140 g mit der Schale gemahlene Mandeln, 1 Rippe Schokolade, 40 g Semmelbröseln, 6 EL Rotwein, 1 Prise Salz.
Glasur: 120 g Zucker, ¼ l Wasser, 80 g Schokolade, 10 g Butter.

Zubereitung: Die Semmelbrösel mit dem Wein befeuchten. Die Eigelbe mit dem Zucker schaumig rühren. Dann die gemahlenen Mandeln, die fein geriebene Schokolade und die durchgezogenen Semmelbrösel dazugeben. Zuletzt die Eiweiße zu steifem Schaum schlagen, 1 Prise Salz zugeben und unterheben. In eine gefettete und mit Sem-

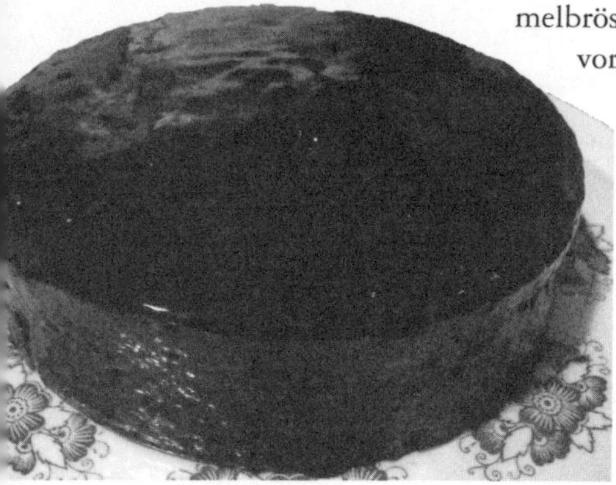

melbröseln ausgestreute kleine Tortenbackform füllen. Im vorgeheizten Backofen bei 150°C etwa 40 Minuten langsam backen. Torte auskühlen lassen.

Für die Glasur den Zucker mit Wasser kochen, dann die im Wasserbad zerlassene Schokolade löffelweise dazugeben, gut verrühren, am Schluss die Butter hinzufügen und die Torte mit der Glasur überziehen.

Tortenfüllungen

Vanillecreme

Genauso leicht zu machen wie ein Pudding und eine köstliche Füllung für Torten.

½ l Milch, 2 Eier, 1 Eßlöffel Kartoffelmehl, Vanillezucker nach Geschmack, 1 Eßlöffel Rum, 12 Stück Zucker mit Milch kochen lassen bisschen Wasser, Eier, Rum, Kartoffelmehl, Vanillezucker hinein streuen, umrühren, dann in die kochende Milch und aufkochen, wegstellen (auskühlen).

Zutaten: ½ l Milch, 2 Eier, 1 EL Kartoffelmehl, Vanillezucker (nach Geschmack), 1 EL Rum, 12 Stück Würfelzucker.

Zubereitung: Die Zuckerwürfel mit der Milch kochen lassen, bis sie sich aufgelöst haben. Eier, Rum, Kartoffelmehl, Vanillezucker und ein bisschen Wasser verrühren und in die kochende Milch rühren. Unter stetigem Rühren aufkochen, bis die Creme etwas fest wird. Vor dem Verstreichen auf einer Torte unter gelegentlichem Umrühren etwas auskühlen lassen.

Buttercreme

Eine kleine Menge Buttercreme, ausreichend für eine kleine Torte.

> 8 dkg Butter, 1 Dotter, bisschen Kakao oder 1 Eßlöffel Bohnenkaffee. Wenn zu locker, 1 bisschen Bröseln dazu.

Zutaten: 80 g Butter, 1 Eigelb, etwas Kakao oder 1 EL Bohnenkaffee, etwas Semmelbrösel.

Zubereitung: Butter mit Eigelb gut verrühren, Kakao oder Bohnenkaffee zufügen. Wenn die Creme zu locker ist, ein bisschen Semmelbrösel dazugeben.

Puddingcremefüllung

Eine Standardtortenfüllung.

> Füllen: ¼ l Milch kochen, 1 Eßlöffel gehäuft Pudding ganz kalt, 8 dkg Zucker, 5 dkg Butter, 1 Ei.

Zutaten: 1 Ei, ¼ l Milch, 1 gehäufter EL Vanillepuddingpulver, 80 g Zucker, 50 g Butter.

Zubereitung: Ei und Zucker 10–15 Minuten lang in einem Topf im Wasserbad schaumig rühren. Dann das Puddingpulver und die Milch zugeben. Die Masse etwa 15 Minuten lang im kochenden Wasserbad rühren, bis sie fest wird. Dann kaltstellen. Nach dem Auskühlen die schaumig gerührte Butter zugeben.

Falscher Schlag

Ein wunderbar fettarmer Ersatz für Schlagsahne.

> ½ l Magermilch, 2 dkg Mehl umrühren kochen lassen, über Nacht stehen lassen, nächsten Tag 3 dkg Zucker herein geben u. 20 Minuten schlagen.

Zutaten: ½ l Magermilch, 20 g Kartoffelmehl, 30 g Zucker.

Zubereitung: In einige Esslöffel von der kalten Milch das Kartoffelmehl einrühren, die restliche Milch zum Kochen bringen, das angerührte Kartoffelmehl unter ständigem

Rühren etwa 5 Minuten kochen und über Nacht stehen lassen. Am nächsten Tag den Zucker dazugeben und 20 Minuten schlagen.

Falscher Schlag als Überguss (Abb. S. 69 und 70, Zubereitung S. 70)

Fettarmer Schlagsahneersatz mit Marmelade bunt eingefärbt und fruchtig im Geschmack.

Falscher Schlag mit Kakao und Sahne (Zubereitung S. 61)

Eine gestreckte Sahne, durch Zugabe von Kakao wunderbar schokoladig.

Rumcremefüllung: siehe unten (Falsche Malakoff)

Aufwendige, festliche Torten

Falsche Malakoff (Abb. S. 68 und 69)

Das ist eine Art kalte Charlotte. Diese unglaubliche Torte wird mit nur 70 g Fett zubereitet.

> Man rühre 3 Eßlöffel Kunsthonig, 20 gr. Vitello, 50 gr. Zucker, 1 Ei, auf dem Herd oder im Wasserbad schaumig. Wenn überköchelt gibt man 230 gr. glattes Mehl. ½ Teelöffel Natron dazu. Knetet einen Teig, bäckt davon 4–5 Platten ziemlich dunkel, die man nach dem erkalten dünn mit Marmelade u. Rum bestreicht oben auf Krem.
> Krem: ¼ l Milch, 1 Eßlöffel griffiges Mehl, 1 Eßlöffel Maizena oder Kartoffelmehl kochen lassen u. erkalten 5 dkg Vitello u. 5–8 dkg Zucker schaumig rühren u. löffelweise den kalten Crem einrühren. Vanille u. Rumgeschmack. Nächsten Tag aufschneiden.

Zutaten: 3 EL Honig, 20 g Margarine, 50 g Zucker, 1 Ei, 230 g Mehl, ½ TL Natron. Zum Bestreichen 200 g Marmelade und 1 EL Rum.
Rumcreme: ¼ l Milch, 1 EL Mehl, 1 EL Speisestärke oder Kartoffelmehl, 50 g Margarine, 50–80 g Zucker (mit einem Päckchen Vanillezucker gemischt) und Rumaroma.

Zubereitung: Honig mit Margarine und Zucker im Wasserbad schaumig rühren, dann vorsichtig das Ei hineingeben. Sobald es kocht, das mit Natron gemischte Mehl dazurühren. Zu einem Teig kneten, auf bemehlter Fläche sehr dünn ausrollen und 4–5 Platten mit einem Durchmesser von etwa 20 cm ausstechen. Auf einem mit Backpapier belegten Backblech im vorgeheizten Backofen bei 170°C und jeweils etwa 5 Minuten ziemlich dunkel backen.

Zubereitung Rumcreme: Milch, Mehl und Speisestärke oder Kartoffelmehl kochen und erkalten lassen. Die Margarine mit dem Zucker schaumig rühren und löffelweise in die kalte Creme einrühren. Rumaroma zufügen.

Marmelade und Rum mischen. Die Platten nach dem Erkalten dünn mit der Rum-Marmelade bestreichen, aufeinandersetzen und die Oberfläche mit der Creme bestreichen. Über Nacht im Kühlschrank durchziehen lassen und erst am nächsten Tag aufschneiden.

Torte (Abb. S. 70)

Etwas aufwendigere, kleine rosa Torte, statt mit Sahne mit Apfelmus gefüllt.

> 20 dkg Mehl, 1 Dotter, 6 dkg Butter, 6 dkg Zucker etwas Milch od. Wasser. Alles am Brett zu einem Teig verarbeiten u. in 3 Blättern backen. Dann U [sic!] heißem Apfelmus füllen u. über Nacht stehen lassen. Überguß: 1 Eiweiß, 1 Eßlöffel Wasser, 1 EL Marmelade, 1 Eßlöffel Zucker, falscher Schlag bis es dick ist.

Zutaten: Teig: 200 g Mehl, 1 Eigelb, 60 g Butter, 60 g Zucker, etwas Milch oder Wasser.
Füllung: 1 kg Äpfel, Saft und Schale von einer ungespritzten Zitrone.
»Falscher Schlag als Überguss«: ½ l Magermilch, 20 g Kartoffelmehl, 30 g Zucker, 1 Eiweiß, 1 EL Wasser, 1 EL Marmelade, 1 EL Zucker.

Zubereitung: Butter und Zucker schaumig rühren, das Eigelb zugeben. Danach abwechselnd Mehl und Milch zugeben und zu einem glatten Teig kneten. Auf einer bemehlten Fläche drei gleich große Scheiben ausrollen und auf der Oberfläche mit einer Gabel einstechen. Nacheinander in einer gefetteten kleinen Tortenbackform jeweils 15–20 Minuten bei 150°C backen.

Für die Füllung aus den Äpfeln mit Zitronensaft und -schale Apfelmus kochen.

Auf die beiden unteren Teigplatten streichen. Die Torte über Nacht im Kühlschrank durchziehen lassen und erst am nächsten Tag mit dem Überguss bestreichen.

Für den Überguss »falscher Schlag« in einige EL von der kalten Milch das Kartoffelmehl einrühren. Die restliche Milch zum Kochen bringen, das angerührte Kartoffelmehl unter ständigem Rühren etwa 5 Minuten kochen und über Nacht stehen lassen. Am nächsten Tag den Zucker dazugeben und 20 Minuten schlagen. Das Eiweiß zu steifem Schnee schlagen, die durch ein Sieb gestrichene Marmelade und den Zucker zugeben. Den falschen Schlag unterrühren. Die Torte mit dem falschen Schlag überziehen.

Süßigkeiten

Feigenwürste

Ergibt etwa 15 Stück. Unglaublich lecker! Nachkriegs-Früchteriegel.

1 Dotter mit 80 g Zucker gut abtreiben, dann 140 g Feigen klein schneiden und 140 g grob geschnittene Nüsse. Gut verarbeiten. Derber Teig auf Zucker, Würste machen auf Zucker und in ein Papier einrollen paar Tage liegen lassen und dann schneiden.

Zutaten: ı Eigelb, 80 g Zucker, 140 g Feigen, 140 g Nüsse (Walnüsse, Haselnüsse o. Ä.).

Zubereitung: Das Eigelb mit dem Zucker schaumig rühren. Die Feigen klein und die Nüsse grob schneiden. Alle Zutaten gut miteinander verkneten. Zu zwei Würsten formen, auf Zucker rollen und in ein Papier einrollen. Ein paar Tage liegen lassen und dann in Scheiben schneiden.

Nüssle

Ergibt etwa 40 Stück. Nachkriegsfruchtschnitten.

1 Löffel Honig, 100 gr. Zucker, Schaum von einem Eiweiß, ein Kasserol u. im Wasserbad so lange rühren, bis dick, dann Nüsse hinein. 70-80 gr. Auf eine Oblate aufsteichen zweite Oblate darauf, ein Brett darauf 2–3 Tage stehen lassen, dann schneiden.

Zutaten: 1 Löffel Honig, 100 g Zucker, 1 Ei, 100 g gemahlene Haselnüsse, eckige Backoblaten oder Esspapier.

Zubereitung: Honig, Zucker und das zu steifem Schaum geschlagene Eiweiß in einem Topf auf dem Wasserbad so lange rühren, bis es dick wird, dann die Nüsse hineingeben. Auf je eine Backoblate aufstreichen, die zweite Backoblate darauflegen, mit einem Brett beschweren, etwas andrücken und 2–3 Tage stehen lassen. Dann in kleine Rechtecke schneiden.

Buttermilchbonbons

Ergibt etwa 80 Stück. So lecker! Die Mühe lohnt sich.

¼ l Buttermilch, ¼ kg Würfelzucker so lang kochen bis er gelbbraun ist, dann gießt man die Masse in eine Schüssel, 5 dkg Butter dazu und fest verrühren, dann in der Hand kneten. Formerl ausfüllen.

Zutaten: ¼ l Buttermilch, 250 g Würfelzucker, 50 g Butter.

Zubereitung: Die Buttermilch mit dem Zucker so lange kochen, bis die Masse gelbbraun und dickflüssig wird (etwa 30–45 Minuten). Dann die Butter dazugeben und vorsichtig und gleichmäßig schnell unterrühren. Danach die Masse entweder in Bonbonförmchen füllen oder zügig auf ein mit Backpapier ausgelegtes Blech (etwa 15 x 20 cm) etwa 1 cm dick aufstreichen. Wenn die Masse noch weich ist, mit einem in heißes Wasser getauchten Messer in Würfel schneiden. Nach dem Erkalten (etwa 2 Stunden) die Stücke in Papier wickeln.

Rumkugeln

Ergibt etwa 20 Stück. Köstlich, aber nichts für Kinder.

12 dkg Zucker, 12 dkg gemahlene Haferflocken, 2 dkg Butter, 2 Eßlöffel Milch, 1 Eßlöffel Kakao und Rumaroma. Derber Teig, Kugeln formen, in Kristallzucker hüllen an der Luft trocknen.

Zutaten: 120 g Zucker, 120 g Haferflocken, 20 g Butter, 2 EL Milch, 1 EL Kakao, Rumaroma.

Zubereitung: Die Haferflocken mahlen, in der Butter kurz anrösten und auskühlen lassen. Zucker, Milch, Kakao und Rumaroma zugeben. Aus dem Teig Kugeln formen, in Zucker wälzen und an der Luft trocknen lassen. Wenn der Teig zu klebrig ist, kurz in den Kühlschrank stellen.

Schokolade

Kokosfett ist sehr fest und es ist mir nicht gelungen, es mit dem Zucker schaumig zu rühren. Auch der Versuch, im Wasserbad Zucker in zerlassenem Kokosfett aufzulösen scheiterte, denn Zucker ist nicht fettlöslich. Am Ende habe ich den Zucker durch Puderzucker ersetzt und mit dem Kakao in ein wenig Wasser aufgelöst. Diese Mischung ließ sich gut mit dem zerlassenen Kokosfett verrühren und die Schokoladentafel wurde fest. Mit Rosinen wird es noch leckerer!

> 12 dkg weißes Ceres werden mit 12 dkg Zucker schaumig gerührt, 5 dkg Kakao und 3 gestrichene EL Mehl dazu, dann Nüsse. Die Masse in eine Form gepresst u. erkalten lassen.

Zutaten: 120 g weißes Kokosfett, 120 g Zucker oder Puderzucker, 50 g Kakao und 3 gestrichene EL Mehl, etwas gehackte Nüsse.

Zubereitung: Butter oder Margarine mit dem Zucker schaumig rühren, Kakao, Mehl und Nüsse dazugeben. Oder festeres Fett im Wasserbad zerlassen und etwas auskühlen lassen. Kakao und Zucker mischen und mit ganz wenig Wasser verrühren, bis sich alles gelöst hat. Nach und nach das zerlassene Fett und das Mehl zugeben. Am Ende die Nüsse unterrühren und die Masse in eine Form füllen und im Kühlschrank etwa 1 Stunde erkalten lassen. Nach dem Auskühlen mit einem in heißes Wasser getauchten Messer in kleine Stücke teilen.

Mandelkugeln

Ergibt etwa 22 Stück Marzipankartoffeln. Schmeckt auch sehr gut mit Orangenblütenwasser oder Rosenwasser anstelle des Zitronensaftes.

> 10 dkg Mandeln, 10 dkg Zucker mit Zitronensaft beträufeln in Schokolade oder Kakao einrollen, trocknen lassen.

Zutaten: 100 g Mandeln, 100 g Puderzucker, etwa 2 EL Zitronensaft, Schokolade oder Kakao für den Überzug.

Zubereitung: Geschälte Mandeln im Mixer fein mahlen, mit Puderzucker mischen und mit Zitronensaft beträufeln. Aus der Masse kleine Kugeln formen, in zerlassener Schokolade oder Kakao wälzen und trocknen lassen.

Weihnachtsgebäck

Weihnachtsteller mit Ingwer, darunter Linzer (S. 78), rechts daneben Vanillekipferl (S. 82), rechts daneben Platzerln (S. 76), Lebzelt (mittig oben, S. 84), darunter Nussbäckerei als Sterne (S. 78), rechts daneben Lebzelt (S. 86), rechts oben die runde Schneebäckerei (S. 77).

Ingwer (Abb. oben links)

Ergibt etwa 30 Stück. In einer Dose mit Apfelstücken zusammen aufbewahren, sie werden sonst hart.

> 2 ganze Eier, ¼ kg Zucker, 1 dkg geriebener Ingwer, ¼ kg Mehl wirken ausstechen, über Nacht liegen lassen (warm) in der Früh auf gefettetes Blech u. backen.

Zutaten: 2 Eier, 250 g Zucker, 10 g Ingwer, 250 g Mehl.

Zubereitung: Ingwer schälen und fein reiben. Zucker und Eier schaumig rühren. Ingwer und Mehl zufügen und einen glatten Teig kneten. Wenn der Teig zu klebrig ist, noch etwas Mehl hinzufügen. Auf bemehlter Fläche etwa 1 cm dick ausrollen und Plätzchen ausstechen. Abends vorbereiten, auf ein mit Backpapier belegtes Blech legen und über Nacht kühl stellen. Am nächsten Tag die Plätzchen umdrehen. Im vorgeheizten Backofen bei 200°C etwa 10 Minuten leicht hellbraun backen.

Kleiner Aniszwieback (Christbaumgebäck)

Ergibt etwa 30 Stück. Kinderleicht, schnell zuzubereiten und sehr gut. Aniskekse, heißt es, helfen bei Liebeskummer.

15 dkg Zuckermehl, 2 ganze Eier, werden mit einem Kaffeelöffel Anis ¼ Stunde abgetrieben. Darum wirkt man 20 dkg feines Mehl u. formt davon 3 wurstförmige Striezel, die auf gefettetem Blech bei mäßiger Hitze gebacken werden. Noch heiß in schiefe Zwiebacke geschnitten.

Zutaten: 150 g Puderzucker, 2 Eier, 1 TL Anis, 200 g Mehl.

Zubereitung: Puderzucker, Eier und Anis schaumig rühren und dann mit dem Mehl zu einem gut formbaren Teig kneten. Wenn der Teig zu klebrig ist, noch etwas Mehl dazugeben. Daraus drei wurstförmige Striezel formen. Auf gefettetem oder mit Backpapier ausgelegtem Blech im vorgeheizten Backofen bei 170°C etwa 25 Minuten lang backen, bis sie ganz leicht gebräunt sind. Noch heiß in schiefe Zwiebacke schneiden.

Platzerln (Abb. siehe S. 75)

Ergibt etwa 30 Stück. Köstlich und sehr aromatisch.

10 dkg Gries, 10 dkg Mehl, davon die Hälfte Pudding, 8 dkg Zucker, 3 dkg Butter, 1 Ei, ½ Kaffeelöffel Backpulver.

Zutaten: 100 g Grieß, 50 g Mehl, 2 Päckchen Vanillepudding, 80 g Zucker, 30 g Butter, 1 Ei, ½ TL Backpulver. Eigelb oder Milch zum Bestreichen.

Zubereitung: Grieß, das mit dem Backpulver vermischte und gesiebte Mehl, Puddingpulver, Zucker, Butter und Ei zu einem glatten Teig kneten. Etwa 30 Minuten im Kühlschrank bedeckt stehen lassen. Dann auf einer bemehlten Arbeitsfläche ausrollen und

Plätzchen ausstechen. Mit Eigelb oder Milch bestreichen. Auf ein mit Backpapier belegtes Blech legen und im vorgeheizten Backofen bei 160°C etwa 10 Minuten goldgelb backen.

Schneebäckerei (Abb. siehe S. 75)

Ergibt etwa 25 Stück zarte Baiser.

2 Eiklar Schaum fest schlagen, 12 dkg Zucker, 10 dkg Mehl, gehackter Vanillin.

Zutaten: 2 Eiweiß, 120 g Zucker, 100 g Mehl, 1 Päckchen Vanillezucker, Backoblaten.

Zubereitung: Das Eiweiß zu steifem Schnee schlagen, Zucker, Mehl und Vanillezucker vorsichtig unterheben, Backoblaten auf einem mit Backpapier ausgelegten Backblech verteilen und mit einer Spritztüte oder mit Hilfe von zwei Teelöffeln den Teig auf den Backoblaten verteilen. Im vorgeheizten Backofen bei 130°C etwa 20 Minuten leicht braun backen.

Wiener Muckerdeln

Ergibt etwa 30 Stück. Köstlich auch mit Eiersatz. »Mucker« bedeutet auf Österreichisch »Mücke«. Es sind also »Wiener Mückchen«.

2½ dkg Mehl, 2½ dkg Kartoffelmehl, 5 dkg Gries, 6 dkg Zucker, 2 dkg Butter, ½ Ei und ein Kaffeelöffel Backpulver, Zitronenschale, bisschen Anisgeschmack gut kneten, am Brett rollen, formen, Plätzchen machen, goldgelb backen.

Zutaten: 25 g Mehl, 25 g Kartoffelmehl, 50 g Grieß, 60 g Zucker, 20 g Butter, ½ Ei, 1 TL Backpulver, abgeriebene Zitronenschale, 1 TL gemahlenen Anis.

Zubereitung: Das Mehl mit Backpulver sieben, zusammen mit Kartoffelmehl, Grieß, Zucker, Butter, Zitronenschale und Anis gut kneten, zu einer Rolle formen, etwa 5 mm dünne Plätzchen abschneiden und im vorgeheizten Backofen bei 150°C etwa 15 Minuten goldgelb backen.

Nussbäckerei (Abb. siehe S. 75)

Ergibt etwa 30 Stück. Mein Opa hat immer 1 TL Zimt dazugegeben und Sterne ausgestochen. Diese Zimtsterne waren in unserer Familie das begehrteste Weihnachtsgebäck. Man benötigt mehr Nüsse als im Originalrezept angegeben, sonst wird der Teig zu klebrig.

> 2 Eiklar, 25 dkg Zucker, fest rühren bis steif ist. In die größere Hälfte kommen 7 dkg Nüsse gerührt. ½ fingerdick ausgewälzt (das Brett mit Semmelbrösel bestreuen) die kleine Hälfte draufstreichen u. backen.

Zutaten: 2 Eiweiß, 250 g Puderzucker, 200 g gemahlene Nüsse (z. B. Haselnüsse), 1 Prise Salz.

Zubereitung: Das Eiweiß mit einer Prise Salz steif schlagen und den Puderzucker vorsichtig unterrühren. Dann in zwei Hälften teilen. In die größere Hälfte des Eiweißes werden die Nüsse gerührt. Der Teig wird zwischen zwei Backpapieren einen halben Finger dick ausgerollt und die Plätzchen ausgestochen. Diese auf ein mit Backpapier ausgelegtes Backblech legen und mit der zweiten Hälfte des Eiweißes bestreichen. Im vorgeheizten Backofen bei 150°C etwa 15 Minuten mehr trocknen als backen.

Linzerteig

Ergibt etwa 22 Stück. Ein Klassiker unter den Weihnachtskeksen.

> 1 ganzes Ei, 5 dkg Zucker, 10 dkg Butter, Zitronenschale, glattes Mehl dazu, soviel, dass man den Teig leicht wirken kann, 1 Kaffeelöffel Backpulver, dünn auswalzen. Runde Scheibe ausstechen, auf untere Marmelade schmieren, 2 Scheibe darauf (mit Fingerhut ausgestochen) Eiweiß bestreichen, geriebene Nüssen bestreuen. Gewachstes Blech.

Zutaten: 1 Ei, 50 g Zucker, 100 g Butter, abgeriebene Zitronenschale, 250 g Mehl, 1 TL Backpulver, 1 Prise Salz.

Zubereitung: Das Mehl mit dem Backpulver mischen und auf die Arbeitsfläche oder in eine Schüssel geben. In die Mitte eine Mulde drücken. Ei, Zitronenschale und 1 Prise Salz hineingeben, den Zucker darüberstreuen. Dann die Butter in Flöckchen an dem Mehlrand verteilen und alles verkneten. Den Teig eine halbe bis 1 Stunde lang in Plastik

gewickelt oder mit Pergamentpapier bedeckt in den Kühlschrank legen. Auf einer bemehlten Arbeitsfläche dünn ausrollen. Runde Scheiben ausstechen und auf ein mit Backpapier belegtes Blech legen. Auf die untere Scheibe mit einem Backpinsel Marmelade streichen. In den jeweils zweiten Scheiben mit einem Fingerhut ein Loch ausstechen. Diese zweiten Scheiben auf die mit Marmelade bestrichenen ersten Scheiben legen. Mit Eiweiß bestreichen und mit geriebenen Nüssen bestreuen. Im vorgeheizten Backofen bei 160°C etwa 20 Minuten backen.

Zimtkarten

Ergibt etwa 30 Stück. Eine Versuchung.

14 dkg Zucker, 1 Kaffeelöffel Zimmt, 5 dkg zerlassene Butter, 1 Ei werden abgetrieben, dann 14 dkg Weizenmehl dazu, aufs Brett, auswalzen ausstechen, auf gefettetes Blech u. backen.

Zutaten: 140 g Zucker, 1 TL Zimt, 50 g Butter, 1 Ei, 140 g Weizenmehl, Milch zum Bestreichen.

Zubereitung: Butter zerlassen und etwas auskühlen lassen. Mit dem Zucker schaumig rühren, das Ei unterrühren, dann Weizenmehl und Zimt dazugeben und alles zu einem glatten Teig kneten. Den Teig 30 Minuten im Kühlschrank ruhen lassen. Dann dünn ausrollen und Plätzchen ausstechen, auf ein mit Backpapier belegtes Blech legen, mit etwas Milch bestreichen und im vorgeheizten Backofen bei 180°C etwa 10 Minuten backen.

Weihnachts-Striezel

Sehr gut auch zusätzlich mit 100 g selbstgemachtem Orangeat von S. 113.

1 kg Mehl, 20 dkg Zucker, 10 dkg Butter, 4 dkg Hefe, Rosinen, Mandeln, Salz, Rum, Zitronenschale.

Zutaten: 1 kg Mehl, 200 g Zucker, 100 g Butter, 40 g frische Hefe, 100 g Rosinen, 100 g Mandeln, etwas Salz, 1 EL Rum, abgeriebene Schale von einer Zitrone.

Zubereitung: In das Mehl eine kleine Mulde drücken und darin mit etwas lauwarmer Milch mit 1 TL Zucker und der zerbröselten Hefe einen Vorteig verrühren. Etwa 15 Minuten im Warmen gehen lassen, bis der Vorteig Blasen schlägt. Dann das Mehl, die Butter, Rosinen, Mandeln, Salz, Rum und Zitronenschale zugeben und den Teig sehr gründlich kneten. Etwa 1 Stunde im Warmen gehen lassen, bis sich der Teig verdoppelt hat. Dann auf bemehltem Tisch zwei ovale Fladen formen und über der Mitte zusammenfalten, was die typische Stollenform ergibt und auf ein mit Backpapier belegtes Blech legen. Noch einmal 20 Minuten gehen lassen. Dann in den vorgeheizten Ofen schieben und im vorgeheizten Backofen bei 180°C 50–60 Minuten backen.

Üblicherweise wird ein Stollen nach dem Backen mit geschmolzener Butter bestrichen und mit Puderzucker bestreut, bei dieser Version ist das aber im Rezept nicht erwähnt. Der Stollen ist so nicht lange haltbar. Daher für eine bessere Haltbarkeit den Weihnachts-Striezel mehrfach mit zerlassener Butter bestreichen, mit Puderzucker bestreuen und in Alufolie einwickeln.

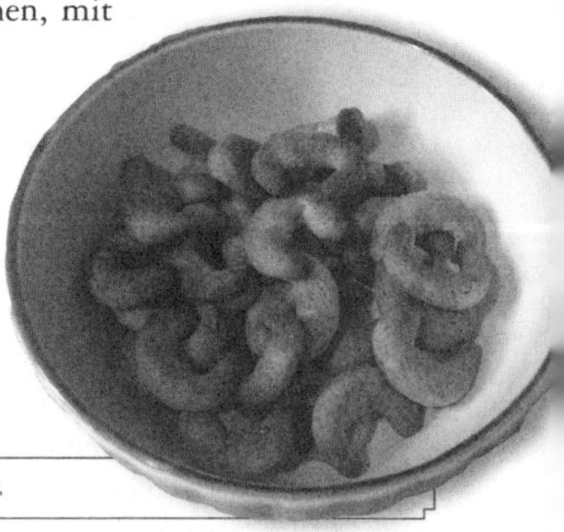

Kipferln

Kipferln

Ergibt etwa 60 Stück. Sie sind schnell weggegessen.

¼ kg Mehl, 1 Ei, 12 dkg Quark, 6 dkg Butter, 10 dkg Zucker.

Zutaten: 250 g Mehl, 1 Ei, 120 g Quark, 60 g Butter, 100 g Zucker.

Zubereitung: Aus den Zutaten einen Teig kneten. Kipferln formen und auf ein gefettetes oder mit Backpapier belegtes Blech legen. Im vorgeheizten Backofen bei 180°C etwa 20 Minuten backen, bis sie leicht gebräunt sind. Nach dem Backen noch warm mit Puderzucker bestäuben.

Mohnkipferln

Ergibt etwa 30 Stück. Die Mühe lohnt sich! Gelingt sehr gut mit Vollkornmehl.

> 20 dkg gekochte, geriebene Kartoffeln machen, mit 20 dkg Weizenmehl, einem Backpulver, 4 dkg Butter oder Fett, 6 dkg Zuckermehl u 1 ganzen Ei zu einem klaren Teig vermengt. Hierauf wird der Teig messerrückendick ausgewalzt u. zu kleinen Vierecken geradelt, die man mit vorher bereiteter Mohnfülle, die erkaltet sein muss füllt u. zu kleinen Kipferln formt, die auf gefettetem Blech bei mäßiger Hitze gebacken werden. Vor dem Backen mit Eigelb gestrichen gewinnen sie sehr an Aussehen.

Zutaten: 200 g Kartoffeln, 200 g Weizenmehl, 1 Päckchen Backpulver, 40 g Butter oder Fett, 60 g Puderzucker, 1 Ei und Mohnfüllung (80 g gemahlener Mohn, 80 g Zucker, 80 ml Milch).

Zubereitung: Die am Vortag gekochten Kartoffeln fein reiben, zusammen mit Mehl, Backpulver, Butter oder Fett, Puderzucker und Ei gut verkneten. Den Teig etwa 30 Minuten kühl stellen. Für die Mohnfüllung Mohn mit Zucker und Milch aufkochen lassen und 5 Minuten kochen, auskühlen lassen. Dann den Teig auf bemehlter Arbeitsfläche messerrückendick ausrollen und zu kleinen Vierecken (etwa 5 cm) schneiden, mit der Mohnfülle füllen und zu kleinen Kipferln formen (dabei die Seite mit den Dreiecksspitzen nach unten drehen). Mit verquirltem Eigelb bestreichen und auf einem mit Backpapier ausgelegtem Blech im vorgeheizten Backofen bei 170°C etwa 20 Minuten goldgelb backen.

Kartoffelkipferln

Ergibt etwa 20 Stück. Funktioniert auch mit reinem Roggenmehl, dann aber mehr Mehl nehmen, da der Teig sonst zu klebrig wird.

> 20 dkg gekochte Kartoffeln, 20 dkg Mehl, 10 dkg Zucker, 4 dkg Fett oder Margarine, 1 ganzes Ei, 1 Backpulver u. 1 Eßlöffel Milch. Am Brett den Teig mengen auswalken und Kipferl machen. Mit Marmelade oder Mohn füllen.

Zutaten: 200 g am Vortag gekochte Kartoffeln, 200 g Mehl, 100 g Zucker, 40 g Fett oder Margarine, 1 Ei, 1 Päckchen Backpulver, 1 EL Milch. Marmelade oder Mohnfüllung (80 g gemahlener Mohn, 80 g Zucker, 80 ml Milch).

Zubereitung: Die Kartoffeln fein reiben, mit Mehl, Zucker, Fett oder Margarine, Ei, Backpulver und Milch einen Teig kneten. Auf bemehlter Arbeitsfläche etwa 1 cm dick ausrollen, in Vierecke schneiden und mit Marmelade oder Mohnfüllung füllen. Für die Mohnfüllung Mohn mit Zucker und Milch aufkochen lassen und 5 Minuten kochen. Dann auf ein mit Backpapier belegtes Blech legen, mit Milch bestreichen und etwa 25 Minuten im vorgeheizten Backofen bei 170°C backen.

Vanillekipferln (Abb. siehe S. 75)

Ergibt etwa 30 Stück. Sehr zerbrechlich und mürbe!

> 10 dkg Butter, 5,5 dkg geschälte, geriebene Mandeln, 3,5 dkg Zucker, 14 dkg glattes Mehl, Teig verarbeiten macht kleine Kipferln auf eingeschmiertes Blech legen. In warmen Zustand in Vanillezucker gewalzt (Zucker u. 1 Packerl Vanillin). (Mandeln in heißes Wasser, dann schälen.)

Zutaten: 100 g Butter, 55 g Mandeln, 35 g Zucker, 140 g Mehl, etwas Zucker mit 1 Päckchen Vanillezucker mischen zum Bestäuben.

Zubereitung: Die Mandeln in heißes Wasser legen, dann schälen und mahlen. Butter und Zucker schaumig rühren, mit Mandeln und Mehl zu einem glatten Teig verarbeiten. Daraus formt man kleine Kipferln, die man auf ein mit Backpapier belegtes Blech legt. Im vorgeheizten Backofen bei 150°C etwa 15 Minuten backen. Nach dem Backen noch warm mit der Zuckermischung bestäuben.

Lebkuchen

Kriegsbrot (Abb. S. 85, oben links)

Ergibt etwa 15 Stück. Köstlicher Lebkuchen.

40 dkg Mehl sieben, 15 dkg Zucker, 4 Eßlöffel Butter (zerlassen), 4 Eßlöffel Honig, 1 Zitronensaft und Schale, ½ Backpulver, ½ Packerl Lebkuchengewürz, reichlich Marmelade (2 Eßlöffel), Mandel u. Rosinen.

Zutaten: 400 g Mehl, 150 g Zucker, 4 EL Butter, 4 EL Honig, Saft und geriebene Schale von 1 ungespritzten Zitrone, ½ Päckchen Backpulver, ½ Päckchen Lebkuchengewürz (etwa 1 EL), 2 EL Marmelade, gehackte Mandeln und Rosinen nach Wunsch.

Zubereitung: Die Butter mit Zucker und Honig bei geringer Hitze zerlassen. Auskühlen lassen und mit dem gesiebten und mit Backpulver gemischten Mehl, Lebkuchengewürz und Zitronensaft und -schale zu einem glatten Teig kneten. Man kann jetzt noch Mandeln und Rosinen dazugeben. Ein kleines Backblech oder eine viereckige Form von etwa 25 cm Länge einfetten und mit Mehl bestäuben. Den Teig halbieren und auf bemehlter Fläche ausrollen. Die eine Hälfte des Teigs auf den Boden des Blechs legen und mit der Marmelade bestreichen, die zweite Hälfte des Teigs darauflegen. Mit Milch bestreichen und nach Wunsch schmücken. Im vorgeheizten Backofen bei 150°C etwa 45 Minuten backen. In Blechdosen hält das Kriegsbrot lange frisch.

Lebzelt zum Reiben (Abb. S. 85, oben rechts)

Ergibt etwa 16 Stück. Zum so Essen oder gerieben zum Bestreuen von Milchspeisen und Knödeln zu verwenden, z. B. zu Kartoffelhefeknödeln (siehe S. 105).

500 g Brotmehl, 250 g Zucker, 2 Eier, einige Löffel Milch, Gewürz, 4 Eßlöffel zerlassener Kunsthonig, 1 Kaffeelöffel Speisesoda, ganz aufs Blech.

Zutaten: 500 g Mehl, 250 g Zucker, 2 Eier, etwa 10 EL Milch, 2 TL Lebkuchengewürz, 4 EL Honig oder Zuckerrübensirup, 1 TL Soda.

Zubereitung: Aus Mehl, Zucker, Eiern, Milch, Lebkuchengewürz, Honig und Soda einen glatten Teig kneten. Den Teig auf einer bemehlten Fläche ausrollen und auf ein mit Backpapier ausgelegtes Backblech legen. Im vorgeheizten Backofen bei 150°C etwa 45 Minuten backen. In Stücke schneiden.

Lebzelt (Abb. rechte Seite, unten und S. 75)

Ergibt etwa 40 Stück. Besonders lecker mit dem selbstgemachten Orangeat von S. 113.

350 g Mehl, 2 Eier, 1 Vanillezucker, 160 g Zucker, 60 g Honig. Butter schaumig rühren, 3–4 Nelken, Zitronengeschmack, etwas Zimt, 1 Backpulver gut mischen, sehr dünn aufs Blech.

Zutaten: 350 g Mehl, 2 Eier, 1 Päckchen Vanillezucker, 160 g Zucker, 60 g Honig, 60 g Butter, 3–4 Nelken, Zitronenaroma, etwas Zimt, 1 Päckchen Backpulver.

Zubereitung: Zucker, Vanillezucker und Honig in einem Topf bei niedriger Temperatur zerlassen, auskühlen lassen. Butter schaumig rühren. Dann die ausgekühlte Mischung mit Eiern, dem mit Backpulver gut gemischten Mehl, zerstoßenen Nelken, Zitronenaroma und Zimt verrühren. Den Teig sehr dünn auf ein mit Backpapier ausgelegtes Blech streichen. Mit einem Messer Quadrate in den Teig ritzen und jedes Quadrat mit einer Nuss und einigen Stücken Orangeat garnieren. Im vorgeheizten Backofen bei 180°C etwa 15 Minuten backen. In einer Dose mit Apfelstücken aufbewahren, dann werden die Lebzelten schön weich.

Ausgezeichneter Lebzelt (Abb. rechte Seite, mittig links)

Ergibt etwa 35 Stück. Wirklich ausgezeichnet!

350 g Brotmehl, 250 g Zucker, 2 Löffel Kunsthonig, 2 ganze Eier, 1 Backpulver. Am besten in viereckigen Form von ca. 25 cm Länge. Einfetten und stäuben, die Hälfte des Teiges reindrücken, dann mit säuerlicher Marmelade füllen, die 2. Hälfte des Teiges darauf legen und in gut heißem Rohr backen. In den Teig kann man nach Belieben Rosinen geben, ca. 10–15. Guß aufstreichen. In Blechbüchsen geben. Hält lange frisch. Der fertige Lebzelt kann auch nach Belieben glasiert werden. Am besten schmeckt er mit Schokoladenglasur.

Zutaten: 350 g Mehl, 250 g Zucker, 2 Löffel Honig (ersatzweise Zuckerrübensirup), 2 Eier, 1 Päckchen Backpulver, nach Belieben etwa 10–15 Rosinen, säuerliche Marmelade (z. B. Sauerkirsche) für die Füllung und Schokoladenglasur.

Zubereitung: Zucker und Honig bei geringer Hitze zerlassen, vorsichtig die Eier einrühren. Das mit dem Backpulver vermischte Mehl untermengen. In den Teig kann man nach Belieben Rosinen geben. Ein kleines Backblech oder eine viereckige Form von etwa 25 cm Länge einfetten und mit Mehl bestäuben. Den Teig halbieren und auf bemehlter Fläche ausrollen. Die eine Hälfte des Teigs auf den Boden des Blechs legen und mit der Marmelade bestreichen, die zweite Hälfte des Teigs darauflegen und im vorgeheizten Backofen bei 150°C etwa 45 Minuten backen. Nach dem Erkalten in Würfel schneiden und mit Schokoladenglasur bestreichen. In Blechkisten hält der Lebzelt lange frisch.

Lebzelt (Abb. S. 75)

Ergibt etwa 60 Stück. Leckere Plätzchen.

2 ganze Eier mit 18 dkg Zuckermehl, 2 Eßlöffel Honig, Neugewürz, Zimmtnelken (3 Stück) u. Zitronenschale nach Belieben, ¼ Stunde abtreiben, dann kommen 1 Kaffeelöffel Speisesoda, 50 dkg Brotmehl dazu. Der feste Teig wird nicht zu dünn ausgewalzt u. mit verschiedenen Formen ausgestochen. Das Blech einfetten, mit Mehl bestäuben, bei guter Hitze backen. Nach dem Auskühlen das Gebäck mit Zucker oder Schokoladenglasur überziehen.
Glasur: 1 Eßlöffel heißes Wasser, ein bissl Zitronensaft u. Zucker, daß es gerade richtig dick wird. Dann Lebzelt noch heiß streichen.
Schokoladeglasur: 2 Rippen Schokolade, 4 Würfel Zucker, 1 schwachen Eßlöffel Milch, auf der Platte zerweichen lassen, erhitzen u. den kalten Lebzelt damit streichen.

Zutaten: 2 Eier, 180 g Puderzucker, 2 EL Honig, 5 Körner Piment, 3 ganze Nelken, abgeriebene Zitronenschale, 1 TL Soda, 500 g Mehl.
Zuckerglasur: 1 EL heißes Wasser, etwas Zitronensaft und Zucker.
Schokoladenglasur: 2 Rippen Schokolade, 4 Würfel Zucker, 1 schwacher EL Milch.

Zubereitung: Die Eier mit Puderzucker, Honig, Piment, Nelken und Zitronenschale schaumig rühren, dann das mit dem Soda vermischte und gesiebte Mehl dazugeben. Den festen Teig auf bemehlter Arbeitsfläche etwa 5 mm dick auswalzen und mit verschiede-

nen Formen ausstechen. Auf ein mit Backpapier belegtes Blech legen und im vorgeheizten Backofen bei 170°C etwa 10 Minuten backen. Nach dem Auskühlen das Gebäck mit Zucker- oder Schokoladenglasur überziehen.
Zuckerglasur: Heißes Wasser, Zitronensaft und Zucker verrühren, so dass die Glasur gerade richtig streichfähig, aber nicht zu flüssig wird. Die Lebzelten noch heiß damit bestreichen.
Schokoladenglasur: Schokolade, Zucker und Milch im Wasserbad schmelzen lassen und die erkalteten Lebzelten damit bestreichen.

Brot

Milchbrot

Es ist fester als wir Milchbrot heute kennen, schmeckt aber sehr gut.

½ kg Mehl, 1 Ei, 2½ dkg Butter, 3½ dkg Zucker, Salz, Zitronensch. ¼ l Milch, 1 Backpulver, 2 dkg Rosinen, 10 Min stehen lassen. 1 bis 1½ St. bei Hitze backen.

Zutaten: 500 g Mehl, 1 Ei, 25 g Butter, 35 g Zucker, Salz, abgeriebene Schale von 1 Zitrone, ¼ l Milch, 1 Päckchen Backpulver, 20 g Rosinen.

Zubereitung: Butter und Zucker schaumig rühren, das Ei unterrühren. Danach das mit dem mit Backpulver vermischte Mehl, Salz, die Zitronenschale und Rosinen abwechselnd mit der Milch zugeben und zu einem festen Teig kneten.
10 Minuten stehen lassen und dann ein Brot formen.
Auf ein mit Backpapier belegtes Blech legen, in der Mitte einschneiden, mit Milch oder Ei bestreichen und 1–1½ Stunden im vorgeheizten Backofen bei 170°C backen.

Kochrezepte

Brotbelag

Bucheckernwurst

Diese Wurst ist ein leckerer Brotaufstrich in der Art einer Streichwurst und überraschend gut. Bucheckern findet man alle paar Jahre in den sogenannten Bucheckermastjahren in großen Mengen ab Oktober im Wald oder in Parkanlagen. Aber Vorsicht: Sie enthalten einen Giftstoff. In größeren Mengen roh genossen können sie Bauchschmerzen verursachen. Durch Erhitzen (Darren, Rösten, Sieden) wird der Giftstoff abgebaut und sie werden leichter verdaulich. In diesem Rezept werden die Bucheckern daher gedarrt, geröstet und gesiedet. Bucheckern haben einen Fettgehalt von rund 40–50% und sind reich an Mineralstoffen, Zink und Eisen. Sie haben fast 600 kcal pro 100 g. Die viele Arbeit hat sich also in der Hungerzeit gelohnt. Als Ersatz für die Bucheckern kann man aber auch Nüsse oder Sonnenblumenkerne nehmen. Den Zellophanwurstdarm erhält man beim Metzger oder über das Internet beim Metzgereibedarfgroßhandel.

Ein halbes Pfund Bucheckernkerne mit einem halben Pfund gekochten Kartoffeln durchmahlen, würzen, in Zellophandarm eingefüllt oder in einem Topf im Wasserbad eine Stunde kochen.

Zutaten: 250 g Bucheckernkerne, 250 g gekochte Kartoffeln, Majoran, Salz, Pfeffer, Zellophandarm für kochbare Würste.

Zubereitung: Die gesammelten Bucheckern im Backofen bei 30°C darren, bis sich die Schale leicht hellbraun verfärbt. Das Schälen der Buckeckern ist sehr mühsam. Etwas leichter wird es, wenn man sie in einer fettfreien Pfanne leicht anröstet oder mit kochendem Wasser übergießt. Im Wasser schwimmen die hohlen Früchte oben, das macht es auch ein wenig leichter. Wenn man die Wassermethode verwendet, sollte man die geschälten Bucheckern dann noch einmal zur besseren Verträglichkeit in einer fettfreien Pfanne leicht anrösten. Die geschälten Bucheckernkerne im Mixer zerkleinern und mit den gekochten Kartoffeln zusammen stampfen. Mit reichlich Majoran, Salz und Pfeffer würzen. In Wurstdarm einfüllen, gut stopfen, damit keine Lufteinschlüsse entstehen und in kochendem Wasser eine Stunde kochen. Im Kühlschrank aufbewahrt etwa 1 Woche lang haltbar.

Brotaufstrich

Schmeckt richtig würzig!

5 dkg Margarine in Zwiebel anbrühen lassen, 5 gehäufte Kaffeelöffel Bröseln, 6 Eßlöffel Milch, Majoran, Pfeffer, Salz, Petersilie, 3 dkg gebröselte Soße, 1 Maggiwürfel, 1 Ei, Kümmel.
2 Minuten am Herd rühren bis kocht.

Zutaten: 1 Zwiebel, 50 g Margarine, 5 gehäufte TL Semmelbrösel, 6 EL Milch, Majoran, Pfeffer, Salz, Petersilie, Kümmel, 30 g Soßenpulver, 1 Maggiwürfel (z. B. Fette Brühe), 1 Ei.

Zubereitung: Die gehackte Zwiebel in der Margarine glasig dünsten, Semmelbrösel, Soßenpulver, den zerbröselten Maggiwürfel, Milch und Ei dazugeben. Mit Majoran, Pfeffer, Salz, Petersilie und Kümmel abschmecken. Zwei Minuten am Herd rühren, bis es kocht und dann in ein hübsches Töpfchen füllen. Im Kühlschrank aufbewahrt etwa 1 Woche lang haltbar.

Brotaufschnitt (Abb. rechte Seite, oben links)

Schmeckt wie Leberwurst.

> In etwas Fett wird eine kleine Zwiebel geschnitten, geschmort und darhinein zerbröckelt man um 10 Pf. Hefe. 2 gestrichene Eßlöffel Semmelbrösel, ½ Tassen Wasser mit Salz und Majoran abgeschmeckt, alles aufkochen lassen, Masse in eine Schüssel füllen, erkalten lassen.

Zutaten: etwas Fett, 1 kleine Zwiebel, 1 Würfel Hefe, 2 gestrichene EL Semmelbrösel, ½ Tasse Wasser, Salz und Majoran.

Zubereitung: Die Zwiebel in etwas Fett goldgelb schmoren, die Hefe hineinbröckeln und die Semmelbrösel zufügen. Das Wasser zugeben, kurz aufkochen lassen und mit Salz und Majoran abschmecken. In eine Schüssel füllen und erkalten lassen. Im Kühlschrank aufbewahrt etwa 1 Woche lang haltbar.

Hauptgerichte

Die Mengenangaben sind jeweils auf etwa vier Personen ausgerichtet.

Kartoffeleckeln (Abb. rechte Seite, oben rechts und unten)

Mit Backpulver. Als Blechkuchen ein köstliches Sommeressen fürs Picknick, mit Kräuterquark, einfach mit Butter oder Marmelade bestrichen.

> 25 dkg Kartoffeln, tags vorher gekocht, 25 dkg Mehl, ½ Ei oder Eiersatz, 8 dkg Zucker, 1 Päckchen Backpulver, 4 dkg Margarine, 1–2 Löffel Milch mit der 2. Hälfte Eier das Gebäck bestreichen.

Zutaten: 250 g tags vorher gekochte Kartoffeln, 250 g Mehl, 1 Ei oder Eiersatz, 80 g Zucker, 1 Päckchen Backpulver, 40 g Margarine, 1–2 EL Milch.

Zubereitung: Die Kartoffeln fein reiben. Zusammen mit Mehl, dem halben Ei, Zucker, Backpulver, Margarine, und Milch zu einem Teig rühren, bis er schwer (reißend) vom Löffel fällt. Den Teig auf ein mit Backpapier ausgelegtes Blech streichen. Mit der zweiten

Hälfte des Eis das Gebäck bestreichen. Im vorgeheizten Backofen bei 170°C etwa 15 Minuten goldgelb backen. Sofort in Quadrate schneiden und diese dann halbieren, sodass es Ecken werden.

Kartoffeleckerl

Mit Hefe. Als Blechkuchen wie oben beschrieben oder als leckere Dampfnudeln mit Vanillesauce. Funktioniert beides sehr gut auch mit Vollkornmehl.

¼ kg Kartoffel, ¼ kg Mehl, 15 dkg Hefe, 2½ dkg Butter, 1 Ei, 1 Eßlöffel Zucker, den Teig aufgehen lassen, 4 Eßlöffel Milch.

Zutaten: 250 g Kartoffel, 250 g Mehl, 1 Päckchen Hefe, 25 g Butter, 1 Ei, 1 EL Zucker, 4 EL Milch.

Zubereitung:

Variante 1 als Blechkuchen: Die Kartoffeln fein reiben. Die Hefe in der lauwarmen Milch, in der man den Zucker aufgelöst hat, mit etwas Mehl zu einem Vorteig verrühren und etwa 10 Minuten stehen lassen, bis er Blasen schlägt. Dann Mehl, Butter und Ei dazurühren und etwa 1 Stunde lang an einem warmen Ort aufgehen lassen, bis sich der Teig verdoppelt hat. Dann auf ein gefettetes Blech streichen und wieder 30 Minuten gehen lassen. Im vorgeheizten Backofen bei 170°C etwa 30 Minuten goldgelb backen. Sofort in Quadrate schneiden und diese dann halbieren, sodass es Ecken werden.

Variante 2 als Dampfnudeln: In das Mehl eine kleine Kuhle drücken, da hinein etwas lauwarme, mit dem Zucker verrührte Milch geben und die Hefe hineinbröseln, leicht verrühren und den Vorteig 10 Minuten stehen lassen, bis er Blasen schlägt. Dann mit Mehl und Margarine einen Teig kneten. Den Teig an einem warmen Ort etwa 1 Stunde gehen lassen, bis er sich verdoppelt hat. Sechs Kugeln formen und in einen großen, gefetteten

Kochtopf legen. Noch einmal etwa 10 Minuten gehen lassen. Eine halbe Tasse warmes Wasser zugeben und auf kleiner Flamme etwa 30 Minuten auf kleiner Flamme kochen lassen. Dabei auf keinen Fall den Deckel lüften, sonst fallen die Dampfnudeln zusammen. Ein Glasdeckel ist dabei hilfreich. Am leicht knackenden Geräusch erkennt man, ob die Dampfnudeln richtig kochen. Mit Vanillesauce servieren.

Ecken

Überaus köstliche Dampfnudeln ohne Ei. Mit Vanillesauce ein Gedicht.

¼ kg Mehl, 3 dkg Marg., 3 Zucker, 7 dkg Hefe, ⅛ l Milch.

Zutaten: 250 g Mehl, 30 g Margarine, 30 g Zucker, 1 Würfel Hefe, ⅛ l Milch, 1 Prise Salz.

Zubereitung: In das Mehl eine kleine Kuhle drücken, da hinein etwas lauwarme, gezuckerte Milch geben und die Hefe hineinbröseln, leicht verrühren und den Vorteig 10 Minuten stehen lassen, bis er Blasen schlägt. Dann mit Mehl, Margarine und dem Rest des Zuckers einen Teig kneten. Den Teig an einem warmen Ort etwa 1 Stunde gehen lassen, bis er sich verdoppelt hat. 5 bis 6 cm große Kugeln formen und in einen großen, gefetteten Kochtopf legen. Noch einmal etwa 10 Minuten gehen lassen. Eine halbe Tasse warmes Wasser zugeben und auf kleiner Flamme 30 Minuten auf kleiner Flamme kochen lassen. Dabei auf keinen Fall den Deckel lüften, sonst fallen die Dampfnudeln zusammen. Am leicht knackenden Geräusch erkennt man, ob die Dampfnudeln richtig kochen. Ein Glasdeckel ist hilfreich. Mit Vanillesauce servieren.

Kartoffelpfannkuchen mit Brotary

Ergibt etwa neun kleine oder zwei große Kartoffelpfannkuchen. Die Variation mit den Trockenkartoffeln habe ich nicht ausprobiert, da wir sie heutzutage nicht mehr verwenden.

2 Eßlöffel Brotary-Nährspeise 5 mittlere Pellkartoffeln vom Vortage, 12 Eßlöffel (1/8 l) Wasser oder Milch, Salz, etwas Fett. Zubereitung: Brotary-Nährspeise mit 2 Eßlöffel Wasser oder Milch anrühren u. 5 Minuten quellen lassen, dann mit den geriebenen Kartoffeln und Salz unter Zugabe weiterer 10 Eßlöffel Butter zu einem Teig vermengen und in der Pfanne ausbacken. Der Teig ist mit dem Wasser dünn auszustreichen. Die angegebene Menge ergibt 2 Pfannkuchen.

An Stelle von Pellkartoffeln können auch Trockenkartoffeln verwendet werden, bei denen wie folgt zu verfahren ist: Die Trockenkartoffeln werden in Wasser eingeweicht, 10 Min angekocht und dann mit geschlossenem Deckel in ein Kochtuch oder eine Kochkiste gestellt, wo sie mindestens ½ Stunde gar quellen. Sie werden ein wenig abgekocht u. dann mit dem Brotary-Teig vermischt, mit Salz abschmecken, dünn ausgestrichen und in wenig Fett ausgebacken.

Zutaten: 2 EL Brotary-Nährspeise (ersatzweise kann man ungezuckerten Babybrei aus dem Naturkostladen nehmen; ich habe es mit Haferbrei ausprobiert), 5 mittelgroße Pellkartoffeln vom Vortag, 12 EL (1/8 l) Wasser oder Milch, Salz, etwas Fett zum Ausbacken.

Zubereitung: Das Breipulver mit 2 EL Wasser oder Milch anrühren und 5 Minuten quellen lassen. Die Kartoffeln reiben. Dann den gequollenen Brei mit geriebenen Kartoffeln und Salz unter Zugabe weiterer 10 EL Wasser zu einem Teig vermengen. Die Puffer

nacheinander ausbacken, sie lassen sich in der Pfanne mit einem in Wasser getunkten Esslöffel dünn ausstreichen.

Auch wenn Trockenkartoffeln heute nicht mehr erhältlich sind, hier die Originalvariation, womit man die Pellkartoffeln ersetzte: Die Trockenkartoffeln werden in Wasser eingeweicht, 10 Minuten angekocht und dann mit geschlossenem Deckel in ein Kochtuch oder eine Kochkiste gestellt, wo sie mindestens 30 Minuten gar quellen. Sie werden ein wenig abgekocht und dann mit dem Brotary-Teig vermischt, mit Salz abgeschmeckt, dünn ausgestrichen und in wenig Fett ausgebacken.

Sauerbraten vom Fisch (Abb. S. 98)

Für Sauerbratenfans. Ich habe den Fisch im vorgeheizten Backofen bei 250°C etwa 15 Minuten gegrillt, das schmeckt auch sehr gut.

> Den Fisch 24 Stunden in eine Marinade von Essig, Lorbeerblatt, Zwiebeln und Fischgewürz legen. Dann in einem Bräter mit etwas Fett und den Zwiebeln aus der Marinade gardämpfen. Die Soße mit Mehl binden, wenn vorhanden mit Sauermilch auffüllen.

Zutaten: Fisch (z. B. 3–4 Forellen), für die Marinade ½ l Essig, ¾ l Wasser, Lorbeerblatt, Zwiebeln und 1 EL Fischgewürz, für die Soße Mehl und Dickmilch.

Fischgewürz: Es sind im Rezept keinerlei Angaben enthalten, aus welchen Gewürzen das Fischgewürz zusammengestellt ist. Ich habe daher eine Mischung aus dann gemahlenen Gewürzen gewählt, die in der Nachkriegszeit erhältlich gewesen sein konnten:
10 Pfefferkörner, 5 Pimentkörner, 2 Zwiebeln, 3 EL Rübenkraut, 1 TL Zucker.

Zubereitung: Den Fisch 24 Stunden in einer Marinade aus Essig, Zwiebeln und Fischgewürz legen. Dann in einem Bräter mit etwas Fett und den Zwiebeln gardämpfen. Die Soße mit Mehl binden und mit Dickmilch auffüllen.

Rote-Rüben-Bratlinge

Ergibt etwa vier Bratlinge und funktioniert mit allem möglichen Gemüse, nicht nur mit Rüben. Mit der Zugabe von einem EL Grünzeug in Salz (S. 111) werden die Bratlinge noch aromatischer.

4 Eßlöffel Brotary-Nährspeise, 6 Eßlöffel Milch, etwa 4 gekochte rote Rüben, gehackte Zwiebel, etwas Fett. Zubereitung: Nachdem die Zutaten gut miteinander vermengt u. zu einem gleichmäßigen Teig verknetet worden sind, werden daraus flache Bratlinge geformt, die in der Pfanne kurz gebraten werden. Von beiden Seiten goldbraun braten.

Zutaten: 4 EL Brotary-Nährspeise (ersatzweise kann man ungezuckerten Babybrei aus dem Naturkostladen nehmen; ich habe es mit Haferbrei nachgekocht), 6 EL Milch, etwa 4 gekochte rote Rüben (im österreichischen Sprachraum sind damit Karotten gemeint, in Deutschland Rote Beete), 1 gehackte Zwiebel, etwas Fett.

Zubereitung: Nachdem die Zutaten gut miteinander vermengt und zu einem gleichmäßigen Teig verknetet worden sind, werden daraus flache Bratlinge geformt, die in der Pfanne kurz gebraten werden.

Gemüseeintopf

Dies ist ein einfaches Grundrezept, das nach Saison abgewandelt werden kann. Mit der Zugabe von einem EL Grünzeug in Salz (S. 111) wird der Eintopf gleich viel aromatischer. Für eine Gemüsecremesuppe die gare Suppe mit einem Pürierstab pürieren.

In 50 g Fett röstet man leicht alles Wurzelgemüse, vergießt es mit ¼ l Wasser, schneidet 1 kg Kartoffeln dazu u. Salz, lässt es ziehen.

Zutaten: 1 kg Wurzelgemüse (z. B. Karotten, Rote Beete, Petersilienwurzel, Sellerie, Rüben), 2 Zwiebeln, 50 g Fett, ¼ l Wasser, 1 kg Kartoffeln, Salz, Majoran.

Zubereitung: Das Wurzelgemüse, die Zwiebeln und die Kartoffeln werden in kleine Stücke geschnitten. Im Fett röstet man erst 10 Minuten das Gemüse leicht an, gießt dann das Wasser und die Kartoffeln hinein, schmeckt mit Salz ab und lässt den Eintopf etwa 20 Minuten schwach kochen, bis es gar ist. Mit Salz und Majoran würzen.

Topfennudeln

Köstliche Protein-Nudeln. Gelingt auch gut mit Dinkelvollkornmehl. Süß mit Kompott oder herzhaft mit Käse- oder Tomatensauce.

½ kg Topfen, 2 ganze Eier, 1 Dotter, 30 dkg griffiges Mehl, 10 dkg Butter, Brösel, eine Prise Salz. Topfen mit Mehl, Eier, Butter, Salz gut durcharbeiten, aufs Nudelbrett geben, mittlere Nudeln machen und 5 Minuten kochen lassen, in ein bisschen heiße Butter legen und geröstete Brösel darüber, gut zuckern und zubuttern. (Kompott dazu).

Zutaten: 500 g Magerquark, 2 Eier, 1 Eigelb, 300 g Mehl (bei Bedarf auch mehr), 100 g Butter, Semmelbrösel, 1 Prise Salz.

Zubereitung: Den Quark mit den Eiern und Eigelb, dem Mehl, Butter und Salz gut kneten, 30 Minuten in einer zugedeckten Schüssel ruhen lassen. Den Teig dann auf einer bemehlten Arbeitsfläche mit einem Küchenhandtuch etwa 10 Minuten abdecken, um Feuchtigkeit aufzusaugen. Anschließend zur gewünschten Stärke ausrollen und den Teig in mitteldicke Streifen schneiden (ca. 1 cm). Mindestens 5 Stunden trocknen lassen.

Die fertigen Nudeln 5 Minuten kochen lassen, dann in ein bisschen heißer Butter schwenken, geröstete Semmelbrösel darübergeben, zuckern und Kompott dazu reichen.

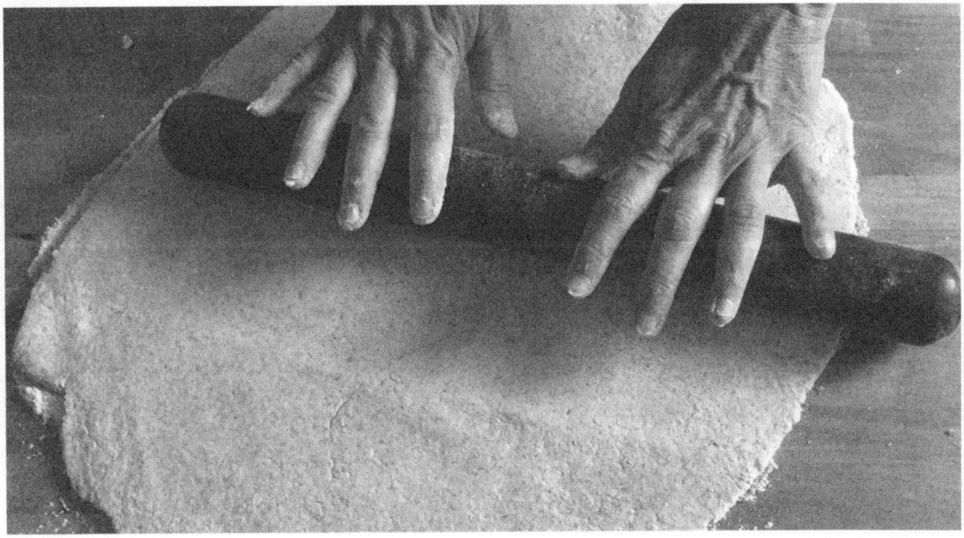

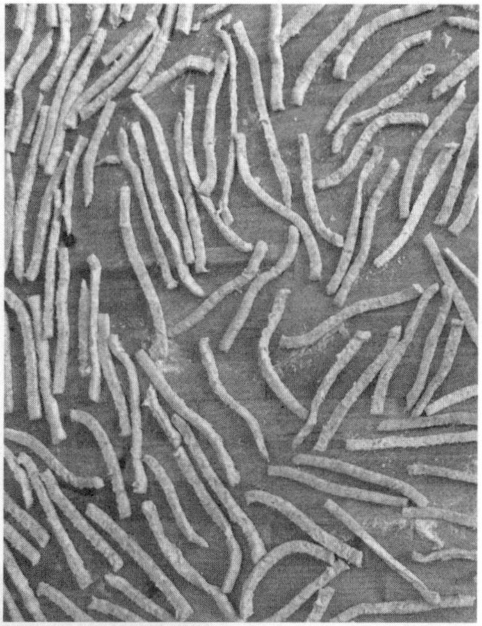

Knödel

Topfenknödel

Diese Quarkknödel sind als schnelles, leckeres Hauptgericht vor allem bei Kindern sehr beliebt und auch als Nachtisch geeignet.

> ¼ kg Topfen, 1 Ei, ½ Nußgroß Butter, ⅛ kg Gries. 1 kleiner Löffel Zucker, 1 bisschen Salz, 10 Minuten kochen lassen, 2–3 St. vorher machen.

Zutaten: 250 g Quark, 1 Ei, 1 EL Butter, 125 g Grieß, 1 TL Zucker, 1 Prise Salz.

Zubereitung: Den Quark mit Ei, Butter, Grieß, Zucker und Salz zu einem Knödelteig rühren. Den Teig 2–3 Stunden stehen lassen. Dann mit zwei Teelöffeln kleine Nockerln machen und 10 Minuten in leicht gesalzenem Wasser kochen lassen. Wenn die Knödel oben schwimmen, sind sie gar. Mit zerlassener Butter übergießen und mit Zimtzucker bestreuen.

Kartoffelhefeknödel

Ergibt ca. sieben Klöße. Süß oder herzhaft ein Genuss.

> Kartoffel gerieben, 2 dkg Hefe, ¼ kg Mehl, 1 Ei den Teig kalt, bisschen Milch dazu geben, gehen lassen dann Knödel formen U [sic!] Krumen füllen bisschen gehen lassen, dann kochen & Lebzelt u. Zucker u. Butter begießen.

Zutaten: 250 g Kartoffel, 20 g Hefe, 250 g Mehl, 1 Ei, etwas Milch. Gewürfelte Brötchen für die Füllung. Geriebener Lebzelt (Rezept S. 83), Zucker und Butter zum Übergießen.

Zubereitung: Die Kartoffeln reiben. Das Mehl in eine Schüssel geben und eine Kuhle hineindrücken. Mit der Hefe, etwas lauwarmer Milch und einer Prise Zucker mit etwas Mehl in der Kuhle einen Vorteig machen, 10 Minuten gehen lassen, bis er Blasen schlägt. Dann Ei und noch etwas Milch dazugeben, bis der Teig gut formbar ist. Zugedeckt an einem warmen Ort gehen lassen, bis sich der Umfang verdoppelt hat. Dann mit den Kartoffeln vermengen, Knödel formen und mit den gewürfelten Brötchen füllen. Wieder ein bisschen gehen lassen, dann in zwei Portionen à sieben Klöße 10 Minuten kochen. Wenn sie sich drehen und oben schwimmen, sind sie gar. Süß mit geriebenem Lebzelt, Zucker und Butter bestreuen und begießen oder als herzhaften »Kloß mit Soß« mit einer Pilzcremesoße servieren. Natürlich auch als Beilage für alle möglichen anderen Gerichte geeignet.

Kartoffelknödel

Ergibt etwa sechs köstliche Knödel.

> ½ kg Kartoffel gekocht, 4 dkg Gries, 1 Ei, 12 dkg Kartoffelmehl, 2 Semmeln in Würfel geschnitten, davon 6 Knödel machen.

Zutaten: 500 g gekochte Kartoffel, 40 g Grieß, 1 Ei, 120 g Kartoffelmehl, 2 Brötchen, Salz.

Zubereitung: Die gepellten Kartoffeln heiß stampfen und mit Grieß, Ei und Kartoffelmehl gründlich kneten, mit Salz nach Geschmack würzen. In sechs Stücke teilen, flachdrücken und mit den in kleine Würfel geschnittenen Semmeln füllen. Mit bemehlten Händen runde Knödel formen. Etwa 15 Minuten in reichlich kochendem Wasser garen lassen. Wenn Sie sich drehen und oben schwimmen, sind sie gar.

Serviettenknödel

Alternative zu sonst üblichen Rezepten, weil keine Brötchen verwendet werden.

8 dkg Grieß, ¼ kg Kartoffel, 1 ganzes Ei, 3 dkg Fett. Alles abtreiben in die nasse Serviette ½ Stunde kochen.

Zutaten: 80 g Grieß, 250 g gekochte Kartoffel, 1 Ei, 30 g Fett, Salz, Pfeffer, Muskatnuss.

Zubereitung: Die gekochten Kartoffeln stampfen. Das Ei trennen und aus dem Eiweiß steifen Schnee schlagen. Aus Kartoffeln, Grieß, Eigelb und Fett einen Teig rühren, das

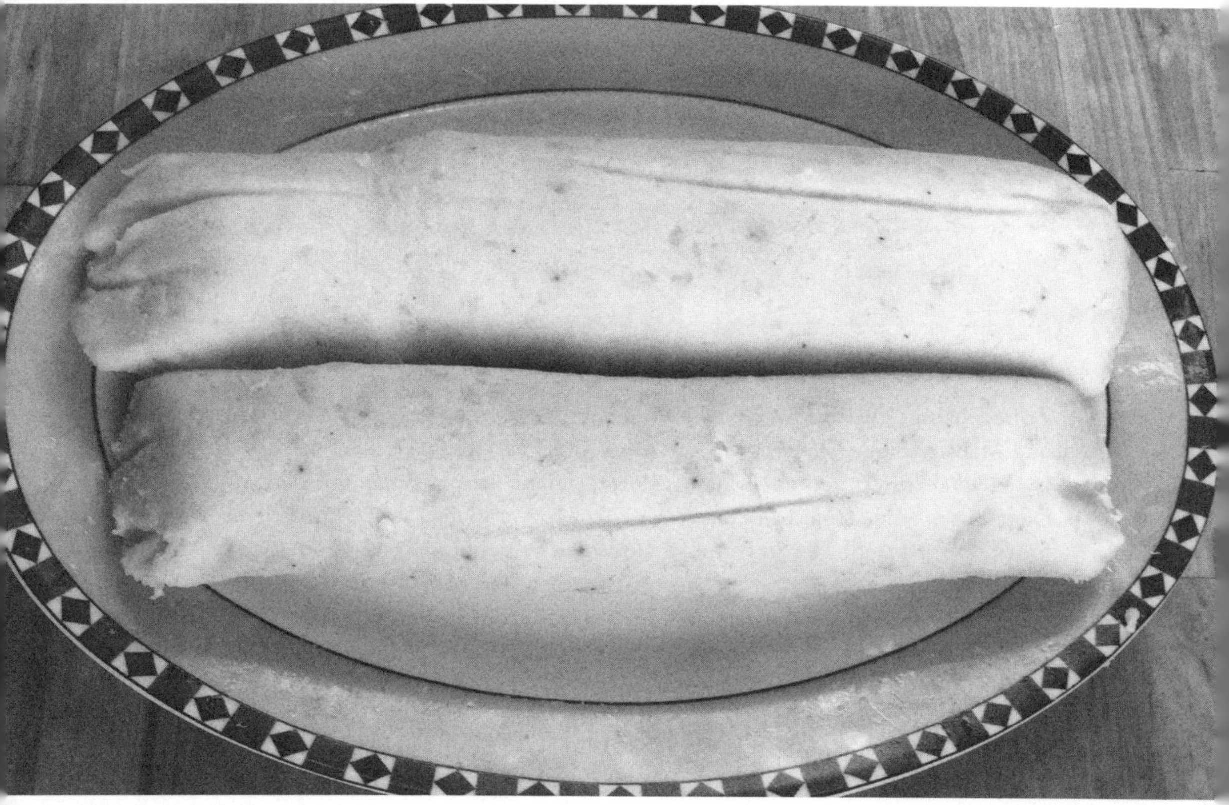

Eiweiß vorsichtig untermengen. Mit Salz, Pfeffer und geriebener Muskatnuss abschmecken und etwa 15 bis 20 Minuten ruhen lassen. Wenn alles gut durchgezogen ist, zwei längliche Knödel daraus formen. Jeweils eine Stoffserviette nass machen, beide Knödel darin einrollen und mit Schnur abbinden oder die eingerollten Enden über dem Rand des Topfes raushängen lassen, Deckel auflegen und die heraushängenden Enden außen auf den Topf legen. In der nassen Serviette 30 Minuten in Salzwasser kochen, abseihen, in etwa 1 cm dicke Scheiben schneiden und heiß servieren.

Tipp für die heutige Küche: Die Knödel lassen sich auch in Alufolie einschlagen, die man vor dem Kochen an den Enden abdreht.

Mehlspeisen

Kaiserschmarrn

Ergibt drei bis vier Portionen.

> 5 dkg Margarine, 3 Dotter, 1/8 l Milch, 1 Eiklar Schaum, 3 Eischwer Mehl. Butter schaumig rühren, dann Dotter, Milch, Mehl, zuletzt Schaum in gefetteter Form backen. Mit Saft v. d. Kompott. (zerreißen)

Zutaten: 50 g Margarine, 3 Eier, 1/8 l Milch, so viel Mehl, wie die Eier wiegen.

Zubereitung: Die Margarine schaumig rühren, dann nach und nach die Eigelbe, Milch und Mehl zugeben. Zuletzt das mit einer Prise Salz steif geschlagene Eiweiß mit einer Gabel vorsichtig unterheben. Etwas Butter in eine ofenfeste Pfanne geben und zerlassen. Den Teig in eine ofenfeste Pfanne oder einen Bräter gießen und bei mittlerer Hitze etwa 3 Minuten backen. Der Teig muss unten leicht gebräunt und oben noch flüssig sein. Dann den Schmarren im vorgeheizten Backofen bei 160°C 10 Minuten fertig backen, herausnehmen und mit einer Gabel in 3–4 cm große Stücke zerreißen. Die Stücke mit Zucker überstreuen und in einer gefetteten Pfanne etwas anbräunen. Den Schmarren mit Kompott oder Apfelmus anrichten.

Palatschinken

Ergibt vier Stück. Unsere Lieblingsfüllung nach Großelternart: Quark mit Zitronensaft, Zucker und Rosinen vermischt.

1 Ei, 10 dkg Mehl, bisschen Salz, Milch nach Bedarf, zu dünnflüssigem Teig (4 Stück) dünn ausbacken. In wenig Fett ausbacken.

Zutaten: 1 Ei, 100 g Mehl, 1 Prise Salz, etwa 300 ml Milch, ein wenig Fett zum Ausbacken in der Pfanne.

Zubereitung: Ei, Mehl und Salz mit Milch mit einem Rührbesen oder Mixer zu einem dünnflüssigen Teig verrühren. In vier Portionen in wenig Fett dünn in der Pfanne ausbacken, dabei einmal wenden.

Grießstanzerl

Schnell und lecker!

3 Dotter mit 3 Eßlöffel Zucker abtreiben. 6 Löffel Gries untermengen, 3 Eiklar Schaum, verrühren, in ausgeschmierter Kasarole backen, Milch kochen, mit Vanillezucker u. Gries übers Gebackene gießen.

Zutaten: 3 Eier, 3 EL Zucker, 6 EL Grieß.
Soße: ¼ l Milch, 1 Päckchen Vanillezucker und 2 EL Grieß.

Zubereitung: Eigelb mit Zucker schaumig rühren, Grieß untermengen. Die Eiweiße mit einer Prise Salz zu steifem Schnee schlagen und unterheben. In gefetteter Auflaufform im vorgeheizten Backofen bei 180°C etwa 20 Minuten backen. Für die Soße die Milch mit dem Vanillezucker und dem Grieß etwa 5 Minuten cremig kochen.

Einkochen

Für alle Einkochrezepte gilt: möglichst sauber und keimfrei arbeiten; Gläser, Gefäße und Arbeitsmittel gut mit Spülmittel reinigen und mit kochendem Wasser ausschwenken.

Grünzeug in Salz (Abb. S. 112 oben)

Dieses Rezept hat mir zunächst Rätsel aufgegeben. Ich dachte, es sei eine Art Sauerkraut, aber dafür sind die Mengenangaben für das Salz viel zu hoch. Tatsächlich handelt es sich um eine natürliche Würze, eine Art frisches Gemüsebrühepulver.

Geeignet ist das »Grünzeug« als pikante Würze für Gemüsebrühen, Suppen, Soßen, Fleischteige oder Bratlingteige. Es ist eine sehr große Menge im Originalrezept angegeben. Ein Viertel der Menge ergibt etwa drei Einmachgläser voll.

2 kg Petersilie, 2 kg Möhren, ½ kg Kohlkraut, ½ Kohlrüben, 30 dkg Zwiebel, 30 dkg Paradeis, 1 St. Zeller, 1 Rose Karfiol, 1 ½ kg Salz, 1 Eßlöffel Ingwer, 1 Löffel Pfeffer, Fleischmaschine, Gläser füllen.

Zutaten: 2 kg Petersilie, 2 kg Möhren, ½ kg Weißkohl, ½ kg Kohlrabi, 300 g Zwiebel, 300 g Tomaten, einige Stangen Stangensellerie oder 1 Stück Knollensellerie, 1 Blumenkohl, 1½ kg Salz, 1 EL Ingwer, 1 EL Pfeffer, Steinguttopf oder Einmachgläser.

Zubereitung: Die Einkochgefäße mit heißem Wasser auswaschen und auf dem Kopf stehend trocknen lassen. Die Petersilie mitsamt Stielen grob hacken. Möhren, Weißkohl, Kohlrabi, Zwiebel, gehäutete Tomaten, Sellerie und Blumenkohl in kleine Stücke schneiden. Das Gemüse durch einen Fleischwolf drehen, mit einer Küchenmaschine zerkleinern oder fein hacken. Das Salz mit dem klein gehackten Ingwer und Pfeffer würzen. Abwiegen: Auf 1,5 kg Gemüse etwa 300 g Salz. Gemüse und Salz mischen und etwas ziehen lassen. Das Gemüse lagenweise in einem Steinguttopf oder in Einmachgläser schichten und fest stampfen, bis die austretende Flüssigkeit die Gemüseschicht bedeckt. Das Grünzeug ist angebrochen im Kühlschrank lange haltbar. In den geschlossenen Gläsern kann man es etwa ein Jahr aufbewahren.

Verzuckerte Orangenschale (Abb. linke Seite unten)

Ich kaufe nie wieder fertiges Orangeat! Genauso lässt sich natürlich auch Zitronat selbst herstellen.

> Von 6 dickschaligen frischen Orangen wird die Schale in 4 Teilen abgeschält und 4 Tage in kaltes Wasser gelegt. Das Wasser täglich wechseln, den fünften Tag mit Wasser wenig bedeckt weich kochen. Mit Holzstäbchen zerkleinern. Dann abgießen, in Form stechen. Soviel Zucker als die Schalen einschließlich wiegen befüllen ringsum in ein Kasseroll und langsam am Herd der Zucker unter öfterem Rühren bis sich die Schalen kristallisieren, dann langsam trocknen u. in verschlossenen Gläsern aufbewahren.

Zutaten: 6 dickschalige, frische, ungespritzte Orangen, so viel Zucker wie die Schalen wiegen, Einkochgläser.

Zubereitung: Von den Orangen die Schale in vier Teilen abschälen und vier Tage in kaltes Wasser legen. Das Wasser täglich wechseln. Am fünften Tag mit Salzwasser wenig bedeckt weichkochen, dabei mit einem Kochlöffel verrühren. Dann abgießen und die Schalen abwiegen. Dieselbe Menge wird an Zucker mit etwas Wasser in einen Topf gegeben (der Zucker soll sich gerade so auflösen). Die Schalen in kleine Würfel schneiden und zugeben. Langsam bei niedriger Hitze und häufigerem Rühren etwa 1 Stunde kochen, bis die Schalen kristallisieren. Dann auf einem mit Backpapier belegtem Blech im vorgeheizten Backofen bei 60°C (am besten bei Umluft) langsam trocknen lassen, zwischendurch lockern und verteilen und anschließend in verschlossenen Gläsern aufbewahren. Gibt man etwas Zucker zum Orangeat in die Gläser, klumpt es nicht.

Tomaten

Dazu den Roman Grüne Tomaten *lesen ...*

> Grüne Äpfel schält man dünn, schneidet Scheiben, kocht Essig mit einigen Nelken auf, gibt die Tomaten-Scheiben hinein, lässt sie einige Minuten ziehen, die Scheiben werden dann vorsichtig mit einem Löffel in Gläser gefüllt, den Essig lässt man aufkochen siebt ihn durch u. gießt ihn über die Tomaten. Auskühlen lassen u. zubinden. Man kann auch dem Essig Zucker beimischen (süßsauer).

Zutaten: grüne Tomaten, Weißweinessig, 4–5 Nelken, nach Wunsch Zucker (z. B. 5 EL), Einmachgläser.

Zubereitung: Größere Tomaten dünn schälen und in Scheiben schneiden, kleine Tomaten halbieren. Den Essig mit den Nelken aufkochen, die Tomatenscheiben hineingeben und einige Minuten ziehen lassen. Die Scheiben dann vorsichtig mit einem Löffel in Gläser füllen, den Essig aufkochen lassen, durchsieben und über die Tomaten gießen. Auskühlen lassen und verschließen. Man kann auch dem Essig Zucker beimischen (süßsauer).

Kürbis einkochen

Eine Leckerei, ganz für sich alleine.

2 kg Kürbis, ¾ kg Zucker, ⅛ l Rum, ½ l Essig, ½ l Wasser, ein ganz kleines Stückchen Ingwer u. ein Stückchen Zimt, 1 Zitronenschale u. Saft aufkochen lassen, dann den geschnittenen Kürbis hinein, kochen lassen bis es glasig ist, in Gläser füllen, auskühlen lassen, dann zubinden. Oder Kürbis 24 Stunden in Essigwasser legen, dann kochen.

Zutaten: 2 kg Kürbis, ¾ kg Zucker, ⅛ l Rum, ½ l Essig, ½ l Wasser, ein ganz kleines Stückchen Ingwer und ein Stückchen Zimt, Schale und Saft von 1 Zitrone, Einkochgläser.

Zubereitung: Kürbis schälen und in kleine Würfel schneiden. Zucker, Rum, Essig, Wasser, Ingwer und Zimt, Zitronenschale und -saft aufkochen lassen, dann den geschnittenen Kürbis hineingeben und etwa 20 Minuten kochen lassen, bis er glasig ist. In saubere Einkochgläser füllen, auskühlen lassen und verschließen. Schmeckt pur oder zu kaltem Braten mit Salat oder Fondue.

Essiggurken

Einfacher als man denkt und kein Vergleich zum Fertigprodukt!

> 2–3 Tage in Salzwasser, dann halb Essig, halb Wasser, Pfeffer, Lorbeerblatt, Senfkörner, eine ganz kleine Zwiebel, ganze Stückchen Kren, einige Wipfelblätter etwas Dill.

Zutaten: 1 kg kleine Gurken, ½ l Essig, ½ l Wasser, 1 EL Pfeffer, 1 Lorbeerblatt pro Glas, 1 EL Senfkörner, eine ganz kleine Zwiebel, ein paar Stückchen Meerrettich, etwa 6 Zweigspitzen von Dill.

Zubereitung: Gurken zwei bis drei Tage in Salzwasser einlegen. Dann halb Essig, halb Wasser aufkochen lassen. Zwiebel klein hacken. Die Gurken halbieren und mit den Gewürzen und der gehackten Zwiebel in die Gläser füllen. Dann mit der kochenden Flüssigkeit übergießen und sofort verschließen.

Heidelbeeren oder Brombeeren (Abb. S. 117 links)

Den Essig schmeckt man nicht heraus und die Beeren sind tatsächlich mit diesem Rezept lange haltbar.

> 5 l Beeren, 1 l Wasser, ¼ l Essig, 1½ kg Zucker, 6 g Salizil. Alles zusammen kochen u. kochend über die Beeren gießen, auskühlen lassen u. dann zubinden.

Zutaten: 5 l Beeren (in einem Messbecher abmessen), 1 l Wasser, ¼ l Essig, 1½ kg Zucker, 6 g Zitronensäure.

Zubereitung: Die Beeren in kleine Einkochgläser füllen. Wasser, Essig, Zucker und Zitronensäure zusammen aufkochen und noch kochend über die Beeren gießen. Sofort verschließen.

Säfte

Saft von Ribiseln, Himbeeren, Heidelbeeren, Brombeeren (Abb. oben rechts)

Weinsteinsäure bekommt man in der Apotheke. Ausprobiert habe ich Brombeersaft mit Holunderbeeren gemischt. Mein Opa hat immer leere Milchflaschen genommen, da sie große Öffnungen haben und sich leicht befüllen lassen. Dunkle Flaschen sind für die Haltbarkeit besser.

3 Liter Beeren, 40 g Weinsteinsäure, 1½ l abgekochtes Wasser, die Weinsteinsäure in abgekühlten Wasser auflösen, die Beeren in einem Topf zerdrücken, das Wasser mit der Weinsteinsäure darüber schütten, 24 Stunden stehen lassen, dann durch ein Tuch laufen lassen (nicht durchdrücken) dann auf 1 kg Saft 1 kg Zucker, öfter umrühren, mit einem Kochlöffel, so lange kochen lassen, bis der Zucker gut gelöst ist, dann noch mal durchseihen u. in Flaschen füllen. Mit Leinenfleckerln zubinden.

Zutaten: 3 l Beeren (Johannisbeeren, Himbeeren, Heidelbeeren, Brombeeren; in einem Messbecher abmessen), 40 g Weinsteinsäure, 1½ l abgekochtes Wasser; auf 1 kg Saft 1 kg Zucker; leere Flaschen.

Zubereitung: Das Wasser abkochen. Die Weinsteinsäure im abgekühlten Wasser auflösen, die Beeren in einem Topf zerdrücken, das Wasser mit der Weinsteinsäure darüberschütten. 24 Stunden stehen lassen. Dann durch ein Tuch laufen lassen und auf 1 l Saft 1 kg Zucker geben, öfter mit einem Kochlöffel umrühren und so lange kochen lassen, bis der Zucker gut gelöst ist: dann in Flaschen füllen und luftdicht verschließen. Mit Wasser verdünnt gekühlt servieren.

Erdbeersaft

Schmeckt gut auch in kleine Stieleisbehälter gefüllt und dann gefroren.

> ¾ l Wasser, 12 g Zitronensäure kochen, überkocht über 1 Liter Beeren gießen. 24 Stunden stehen lassen, dann durch ein Tuch lassen, 1 Liter Saft – 1 kg Zucker aufkochen lassen. Kalt in Flaschen füllen.

Zutaten: ¾ l Wasser, 12 g Zitronensäure, 1 l Erdbeeren (in einem Messbecher abmessen).

Zubereitung: Das Wasser mit der Zitronensäure aufkochen und über die Beeren gießen. 24 Stunden stehen lassen, dann durch ein Tuch abseihen. Auf 1 Liter Saft 1 kg Zucker geben, aufkochen lassen. Auskühlen lassen und kalt in Flaschen füllen.

Heilmittel

Für Husten

Dieser Hustensaft schmeckt besser als heute käufliche und hilft!

Eibischwurzeln, Johanisbrot, Kandiszucker, Feigen, Zitronensaft, 1 Zwiebel alles zu Saft kochen.

Zutaten: 1 TL Eibischwurzeln aus der Apotheke, 1 TL Johannisbrotmehl (Carobpulver aus dem Reformhaus), 1 EL Kandiszucker, 3 Feigen, Saft von 1 Zitrone, 1 gehackte Zwiebel.

Zubereitung: Die Eibischwurzeln in 150 ml Wasser 2 Stunden kalt ansetzen. Dann alle Zutaten zusammen etwa 5 Minuten lang zu braunem Saft aufkochen und durch ein Teesieb in ein kleines Marmeladenglas füllen. Nach dem Erkalten im Kühlschrank aufbewahren (nicht lange haltbar).

Alkoholische Getränke

Eierkognak

Ein Gedicht.

8 Dotter mit ¼ kg Zuckermehl abtreiben bis es recht schaumig ist, dann ¼ l Milch kalt (gekochte) langsam dazugeben u. nachher ¼ l feinen Cognac, dann durch passieren.

Zutaten: 8 Eigelb, 125 g Puderzucker, ¼ l kalte Milch, ¼ l Cognac.

Zubereitung: Eigelb mit Puderzucker schaumig rühren, dann die Milch langsam dazugeben und am Ende den Cognac.

Hagebuttenwein

Billig und leicht herzustellen, braucht aber etwas Zeit und Geduld. Es ist kein Fruchtwein, wie man ihn erwartet. Der Hagebuttenwein schmeckt säuerlich, in etwa wie Apfelwein. Die Früchte brauchen keinen Frost, sondern können reif bis überreif geerntet werden. Hagebutten sind reif, wenn sie etwas weich sind und sich ganz leicht pflücken lassen, beste Erntezeit ist Ende Oktober bis November.

2 kg Hagebutten putzen, in einem Topf stehen lassen, bis sie etwas weich sind. 1 kg Zucker in 4 l Wasser kochen, über die Hagebutten gießen (kalt) u. das ganze leicht zudecken u. 4–5 Wochen gären lassen, dann in Flaschen füllen.

Zutaten: 2 kg Hagebutten, 1 kg Zucker, 4 l Wasser, großer Topf oder besser ein Gärballon mit Gärröhrchen, Flaschen.

Zubereitung: Wichtig vorab: Alle Geräte, die für die Zubereitung von Wein benutzt werden müssen hygienisch einwandfrei sein! Daher vor der Zubereitung alles mit kochendem Wasser, in dem man etwas Backpulver aufgelöst hat, desinfizieren. Die Hagebutten mehrmals gründlich mit lauwarmem Wasser waschen. Nach der Reinigung von Blütenköpfen und Stielen befreien. Es empfiehlt sich, wegen des Juckpulvers in den Hagebutten Plastik-Handschuhe anzuziehen. Ein Entfernen der Kerne ist (zum Glück) nicht notwendig. Die Früchte vierteln oder halbieren. Die so vorbereiteten Hagebutten in einem Topf stehen lassen, bis sie etwas weich sind (ein Tag reicht). Dann den Zucker in Wasser kochen, bis er sich aufgelöst hat und ausgekühlt über die Hagebutten gießen. Das Ganze leicht zudecken oder besser in einem Gärballon mit Gärröhrchen 4–5 Wochen möglichst im Dunkeln gären lassen, bis es nicht mehr blubbert. Dann durch ein Tuch sieben und in Flaschen füllen.

Vorsicht: Wenn der Wein nicht komplett fertig gegoren ist, bildet sich Schaumwein und die zu früh befüllten Flaschen zerplatzen.

Zum Schluss eine Ausnahme ...

Brotaufstrich

Dieser Brotaufstrich konnte mich überhaupt nicht überzeugen, ich fand ihn gelinde gesagt scheußlich. Er lehnt sich aber an traditionelle, sudetendeutsche Rezepte für Brotaufstriche an, weswegen er hier neben all den von mir empfohlenen Rezepten zum Nachkochen und -backen aufgenommen werden soll. Ein ähnliches Rezept findet man in dem in Kriegszeiten erschienenen Kochbuch Das schmeckt in Ostmark und Sudetenland *(siehe S. 125). Bevor man gar nichts auf das trockene Brot streichen konnte, bot dieses Rezept zumindest die Möglichkeit, einen intensiv fischig schmeckenden Aufstrich herzustellen, und das aus einem sehr kleinen Stück Fisch.*

> Zwei große Kartoffeln, Kümmel, 15 g Fett, ein Stück Hering. Zwiebel, Salz. In einem Liter Wasser lässt man den Kümmel fünfzehn Minuten kochen, reibt die rohen Kartoffeln hinein, lässt alles eindicken, fügt zum Schluß das Fett, den Hering (feingehackt) und die Zwiebel hinzu.

Zutaten: 2 große Kartoffeln, Kümmel, 15 g Fett, 1 Stück Hering, 1 Zwiebel, Salz, 1 l Wasser.

Zubereitung: Das Wasser in eine Pfanne füllen und den Kümmel 15 Minuten kochen lassen, dann die rohen Kartoffeln sehr fein hineinreiben und alles etwa 1 Stunde lang eindicken lassen. In den letzten 10 Minuten das Fett, den fein gehackten Hering und die fein zerkleinerte Zwiebel hinzufügen. In eine Schüssel geben und erkalten lassen. Im Kühlschrank aufbewahrt etwa 1 Woche lang haltbar.

Quellenangaben und weiterführende Literatur

BIEDERMANN, Thomas: Deutschland in der Nachkriegszeit 1945–49. Restauration oder Neubeginn? Hamburg 2014.

BUHL, Paul: Schicksalhafte Septembertage. In: Troppauer Heimat: Chronik. Beiträge zur Heimatgeschichte und zur Pflege der alten Heimatgemeinschaft des Oppa- und Altvaterlandes. Folge 104, 1958, S. 182–186.

DARNSTÄDT, Thomas / WIEGREFE, Klaus: In: AUST, Stefan / BURGDORFF, Stephan (Hrsg.): Die Flucht. Über die Vertreibung der Deutschen aus dem Osten. Bundeszentrale für politische Bildung 432. Bonn 2003.

ELLINGER, Katharina: Und tief in der Seele das Ferne. Die Geschichte einer Vertreibung aus Schlesien. Reinbek bei Hamburg 2004.

FRANZEL, Emil: Die Vertreibung Sudetenland 1945–1946. München 1979.

GRUBE, Frank / RICHTER, Gerhard: Flucht und Vertreibung. Deutschland zwischen 1944 und 1947. Hamburg 1980.

HEIBEL, Jutta: Vom Hungertuch zum Wohlstandspeck. Die Ernährungslage in Frankfurt am Main 1939–1955. In: Studien zur Frankfurter Geschichte 51. Verein für Geschichte und Landeskunde e.V. in Verbindung mit der Frankfurter Historischen Kommission. Hrsg. von Dieter Rebentisch. Frankfurt am Main 2002.

HORBELT, Rainer / SPINDLER, Sonja: Tante Lina's Kriegskochbuch. Timmdorf 1999.

KÄPPNER, Joachim / PROBST, Robert / WEIDINGER, Birgit (Hrsg.): Die letzten Augenzeugen. Erinnerungen an den zweiten Weltkrieg. München 2010.

KNOPP, Guido: Die große Flucht. Das Schicksal der Vertriebenen. München 2002.

KÖHLER, Rosemarie: Brennesselsuppe und Rosinenbomber. Das Berliner Notkochbuch. Rezepte, Erfahrungen und Hintergründe 1945–1949. Berlin 1999.

KOSSERT, Andreas: Kalte Heimat: Die Geschichte der deutschen Vertriebenen nach 1945. München 2008.

MESSERSCHMIDT, Rolf: Wenn wir nur nicht lästig fallen. Aufnahme und Eingliederung der Flüchtlinge und Vertriebenen in Hessen (1945–1955). Kreisausschuss des Landkreises Limburg-Weilburg (Hrsg.): Dokumentation über die Aufnahme, Eingliederung und das Wirken der Vertriebenen im Kreis Limburg-Weilburg. Wetzlar 1986. Frankfurt am Main und Leipzig 1991, S. 40f.

PELZ, Henriette / KRETSCHMER, Dora Lotti: Schlesisches Backbuch. Auszug aus dem Schlesischen Kochbuch. Freiburg 2001.

RICHTER, Walli: Letzte Tage im Sudentenland. Himberg bei Wien 1989.

ROTHENBERGER, Karl-Heinz: Die Hungerjahre nach dem Zweiten Weltkrieg am Beispiel von Rheinland-Pfalz. In: Geschichtliche Landeskunde – Band 46, Kriegsende und Neubeginn. Westdeutschland und Luxemburg zwischen 1944 und 1947. 7. Alzeyer Kolloquium 1995. Hrsg. von Kurt Düwell und Michael Matheus. Stuttgart 1997. Aus: http://www.regionalgeschichte.net/bibliothek/texte/aufsaetze/rothenberger-hungerjahre.html (Stand: 31.10.2015).

SCHEFFLER, Ute (Hrsg.) / Peter SCHROTH (Vorwort): Alles Soljanka, oder wie? Das ultimative DDR-Kochbuch 1949–1989. Leipzig 2008.

SCHLANGE-SCHÖNINGEN, Hans (Hrsg.): Im Schatten des Hungers. Dokumentarisches zur Ernährungspolitik und Ernährungswirtschaft in den Jahren 1945–1949. Bearb. von Justus Rohrbach. Hamburg, Berlin 1955.

SCHMIDT, Josef: Der Mutter letzter Blick. Eine Erinnerung von Josef Schmidt. In: Troppauer Heimat: Chronik. Beiträge zur Heimatgeschichte und zur Pflege der alten Heimatgemeinschaft des Oppa- und Altvaterlandes. Folge 137. 1961, S. 137f.

SCHULTE TO BÜHNE, Julia: Das Bäckerhandwerk von 1896 bis 1996 am Beispiel der Stadt Münster. In: Münsteraner Schriften zur Volkskunde / Europäischen Ethnologie, Bd. 7. Münster, New York, München, Berlin 2000.

SEIFERT, Maria Wilhelmine: Vom tschechischen Staat enterbt. Frankfurt am Main 2003.

Selbstverlag der »Margo« Speisefett- und Margarinewerke m.b.H. Schreckenstein: Das goldene Vitello-Buch der Hausfrau, 3. Band Kochrezepte. Prag, um 1925.

TAUTENHAHN, Dr. K.-G. (Hrsg.): Gut backen im eigenen Herd! In Verbindung mit der Reichsfrauenführung herausgegeben vom Reichsausschuß für Volkswirtschaftliche Aufklärung (= Schriftenreihe für die praktische Hausfrau). Für den Inhalt verantwortlich: Rohr, Otti. Berlin o. J. [ca. 1940].

TAUTENHAHN, Dr. K.-G. (Hrsg.): Das schmeckt in Ostmark und Sudetenland – Landsmännische Rezepte für alle Mahlzeiten. In Verbindung mit der Reichsfrauenführung herausgegeben vom Reichsausschuß für Volkswirtschaftliche Aufklärung (= Schriftenreihe für die praktische Hausfrau). Für den Inhalt verantwortlich: Aldenhoven, Elisabeth. Berlin o. J. [ca. 1940].

TAUTENHAHN, Dr. K.-G. (Hrsg.): Trotz wenig Zeit gut gekocht. In Verbindung mit der Reichsfrauenführung herausgegeben vom Reichsausschuß für Volkswirtschaftliche Aufklärung (= Schriftenreihe für die praktische Hausfrau). Für den Inhalt verantwortlich: Aldenhoven, Elisabeth. Berlin o. J. [ca. 1943].

TOLKSDORF, Ulrich: Essen und Trinken in alter und neuer Heimat. Zur Frage des Geschmacks-Konservatismus. In: Jahrbuch für ostdeutsche Volkskunde. Bd. 21. 1978, S. 341–364.

WOLF, Werner (Hrsg.) / EDEL, Harald (Mitarbeit): Trümmer, Tränen, Zuversicht. Alltag in Hessen 1945–1949. Frankfurt am Main 1986.

https://www.care.de/ueber-care/care-paket/inhalte-des-care-paketes/ (Stand 30.10.2015).

Register

Ebenfalls im Regionalia Verlag erschienen:

ISBN 978-3-95540-206-8

ISBN 978-3-95540-237-2

ISBN 978-3-939722-58-8

ISBN 978-3-939722-45-8

Jeweils 128 Seiten • 16,5 × 19,8 cm • Hardcover • 4,95 €